les châteaux de la Loire

les châteaux de la Loire

texte de Sabine Melchior-Bonnet

LIBRAIRIE LAROUSSE
17, rue du Montparnasse, Paris

Iconographie : C. Champougny
Correction-révision : B. Dauphin et R. Louis
Direction artistique : F. Longuépée et H. Serres-Cousiné
Secrétariat de rédaction : M.-S. Gossot
Maquette : J. Cousiño

ISBN 2-03-523105-1

Le château d'Amboise domine la ville
« qui semble jetée à ses pieds
comme un tas de petits cailloux »
(Flaubert).
Toute la grâce,
toute la splendeur du Val de Loire
sont inscrites
dans cet ensemble majestueux
de donjons,
de tourelles et de toitures,
au pied duquel se déploie la Loire.

CHAMBORD, BLOIS, CHAUMONT, AMBOISE, Chenonceaux, Azay-le-Rideau, Langeais, Ussé : voie royale saturée d'art et d'histoire ! Dans un rectangle de 250 kilomètres sur 100, entre Gien et Angers, Orléans et Loches, la France compte une densité inégalée de trésors. C'est là que, pendant près de deux cents ans, entre 1418 et 1588, se sont déroulés presque tous les événements les plus importants de l'histoire de France.

Liés à l'art de cour, ces châteaux ont été conçus pour éblouir, pour être vus de loin. Ils doivent refléter la gloire d'un prince ou d'un grand seigneur ; ils proclament sa grandeur, et la grandeur se mesure au luxe de la dépense. Plusieurs fois par an, le cortège des Valois s'achemine d'un château à l'autre, en étirant ses longues files de chevaux caparaçonnés, de chariots chargés de tapisseries et de tréteaux, sa suite de pages et de seigneurs en habits qui scintillent d'or. Éblouissant spectacle ! On avance lentement sur la rive du fleuve. Le roi se donne à voir à son peuple enthousiaste, et son voyage, comme son château, est une démonstration de puissance.

Aujourd'hui, des caravanes d'une autre sorte affluent devant les somptueux écrins vides de la royauté, des touristes pressés de mettre au programme de leur journée quatre, six ou dix châteaux — l'admiration a toujours besoin de records ! Derrière le guide, ils apprennent à reconnaître la « griffe » du propriétaire, le porc-épic de Louis XII, la cordelière d'Anne de Bretagne, la salamandre de François Ier, les chiffres enlacés d'Henri II et de Diane de Poitiers. À travers les sons et lumières qui ressuscitent les fêtes d'antan, ils découvrent cette extraordinaire mise en scène que les rois ont toujours su utiliser pour impressionner leurs sujets.

À tout seigneur, tout honneur : avant de franchir les portes monumentales des palais, saluons-en les hôtes royaux, Charles VIII, Louis XII, François Ier. En revenant des guerres d'Italie, les Valois ont pris en horreur leurs sombres donjons ; ils veulent faire pénétrer la lumière, ils évident les murs, ils changent les fossés en jardins ; ils aménagent des terrasses ou des galeries où la cour peut parader et se donner à elle-même en spectacle. Rien n'est trop beau pour le roi et sa suite de gentilshommes avides d'honneurs et de richesses. Les financiers jonglent avec les créances et les emprunts ; on vend les charges publiques ; on fond l'argenterie ; le Trésor frôle la banqueroute. Mais qu'importe, si, grâce à leur prodigalité folle, les rives de Loire portent de place en place, comme dit joliment Balzac, « les marques de la tendresse royale », les châteaux !

Les attributs des rois sont comme leur signature.

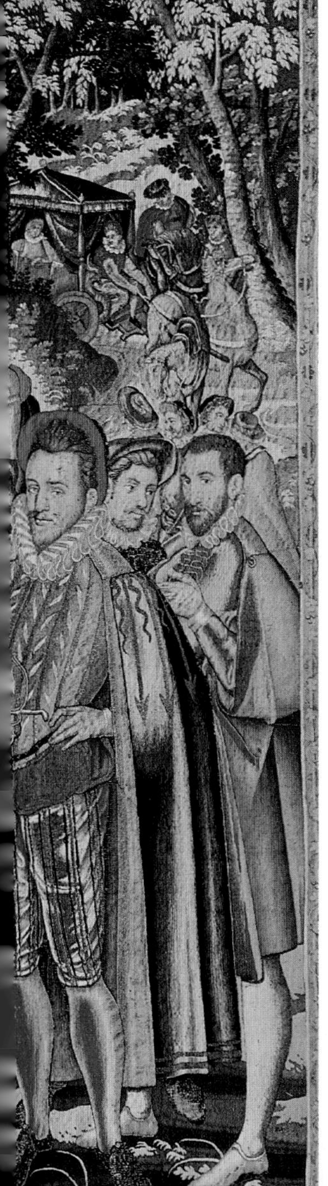

Caravane royale : le bruit des armures, le piétinement des chevaux résonnent sur les routes du Val de Loire lorsque le roi se rend d'un château à l'autre ; les tentes où logeait la Cour sont à peine démontées, mais déjà des milliers de gardes et de courtisans précèdent la litière de Catherine de Médicis.

La tendresse royale, c'est aller vite. Ces fastueux décors, ciselés dans la pierre blanche de Bourré, servent certes aux bals et aux caresses : ici s'est mariée la duchesse de Bretagne, là les filles de l'Escadron volant ont dansé la volte et le branle. Mais, aussi, que de conjurations et de trahisons à la lueur vacillante des torches, que de débauches et d'assassinats, que de pendus pourrissant aux balcons !

Témoins prestigieux et parfois tragiques de la Renaissance, ces châteaux auraient-ils pu s'édifier ailleurs que sur les bords de Loire, ailleurs que dans ce jardin de la France chéri par Rabelais ? Sans doute, Gaillon dans l'Eure, Anet en Eure-et-Loir en sont les preuves. Mais, nulle part, ils n'auraient trouvé cette conjonction de terre plantureuse et de lumière, d'eau et de grâce quasi italienne. L'eau surtout, miroir de la beauté. C'est la Loire souveraine, nonchalante entre les saules et les peupliers, grossie de ses affluents, le Beuvron, le Cher, l'Indre, la Vienne, le Loir. C'est aussi l'écheveau des petites rivières dormantes et fleuries de nénuphars qui s'attardent entre les bordures de roseaux et baignent le pied d'une tourelle. L'eau, fil d'Ariane, conduira le visiteur d'un château à l'autre, et lui fera découvrir, à côté des monuments pompeux de l'histoire, pierres angulaires du tourisme, une gentilhommière coiffée d'ardoise bleue, un pigeonnier solognot, un petit castel blasonné où grimpent les rosiers. Ici est vraiment « doulce France », celle qu'ont aimée Ronsard, Du Bellay, Rabelais, Balzac, terre de fine civilisation où l'on a cultivé plus qu'ailleurs tous les arts de vivre. □

une civilisation du fleuve

Si les rois ont donné à la Loire sa guirlande de châteaux, la Loire en retour a bien servi les rois. Elle est ce boulevard royal où glissent galiotes, gabares et chalandoux; il n'y a qu'à se laisser porter paresseusement par le courant : le marin ligérien est agile pour frayer son chenal entre les bancs de grève dorée. Ainsi voyageaient les Valois dans leurs barques pavoisées. Anne de Bretagne a sa galiote, qui lui permet d'aller à son gré de Tours à Amboise, et même jusqu'à Nantes.

Sans la Loire, il n'y aurait pas cette vie intense de la Touraine et du Blésois, et pas davantage de châteaux. Frontière stratégique, clé du territoire, le fleuve est l'artère vitale qui irrigue le cœur de la France en hommes et en marchandises; ses alluvions fécondent la terre et nourrissent les grasses prairies.

Sans doute les Valois ne reconnaîtraient-ils pas, dans la toison blonde des champs de blé et le damier régulier des cultures, la nature exubérante, indisciplinée qui est encore celle du XVIe siècle. La forêt touffue occupe alors tout le plateau entre Loire et Loir, peuplée de loups, de sangliers, de cerfs; les loutres et les visons font leur domaine sur les berges des rivières de Sologne. Mais, déjà, le soc de la charrue grignote peu à peu les grandes réserves giboyeuses et les gâtines rougeâtres, ce qui provoque les lamentations de Ronsard : « Écoute, bûcheron, arrête un peu le bras... » Depuis toujours, les rois et les grands seigneurs sont fous de chasse; à courir le cerf, ils en oublient la guerre. Quoi d'étonnant à ce que les Valois, comme les Capet, aient été attirés par ces milliers d'hectares de bois si proches de la Beauce limoneuse?

Superbe et gonflée des eaux limoneuses d'Auvergne, la Loire peut prendre en avril ou mai des airs de grand lac (à Chaingy, Loiret).

Quant à la vigne, elle est déjà chez elle depuis le XIIe siècle sur les rives de Loire; elle trouve des côteaux bien exposés au soleil, un climat doux, un riche terreau, et elle ne cesse de s'étendre grâce aux soins attentifs des grandes abbayes et des domaines seigneuriaux. Avec elle, celliers, pressoirs, maisons se disséminent dans les collines, foyers de peuplement; la plus petite demeure s'orne de treilles, c'est ce qui donne, dit-on, aux Tourangeaux l'esprit malicieux! Quant aux caves, la nature y a pourvu généreusement : le calcaire tendre et blanc de la Touraine est creusé comme un fromage de Gruyère et les cavités offrent leur fraîcheur aux fûts et aux tonneaux. Blanc, rouge, rosé, il y en a pour tous les goûts : Ronsard aime le vin d'Anjou, Rabelais le gentil blanc de Touraine. Il réchauffe les cœurs tristes et entre dans la préparation des médicaments; selon Charles d'Orléans, il n'y en a pas de meilleur dans tout le royaume : Flamands, Picards, Anglais en achètent par charrois.

Gibier, vin, blé : voilà de quoi rassasier le plus exigeant des princes. Les rivières fournissent abondamment l'alose et la lamproie, le saumon et le brochet; la mer, d'ailleurs, n'est pas loin, à quelques jours de navigation. Mais, surtout, le climat, si doux qu'on y vit centenaire, permet de cultiver les fruits et les légumes les plus délicats. « Terre douce, heureuse, délicieuse! » s'écrie le Tasse.

Depuis Louis XI déjà, les vallées de l'Indre, de la Vienne et du Cher sont des vergers fleuris, dont les fruits, comme ces fameuses poires bons-chrétiens, donnent une idée des délices du paradis. Mais c'est Charles VIII, à son retour d'Italie, qui acclimate les espèces les plus rares. Avec l'aide des jardiniers italiens, les châteaux s'entourent de potagers semblables à des tapis brodés, plantés de citrouilles, de tomates, de melons et de concombres. Chaque

Le XVIe siècle a découvert l'art des jardins. Rinceaux de feuillages, parterres d'ifs et de buis, carrés de légumes des quatre saisons, parfums d'herbes potagères : les jardiniers de Villandry plantent chaque année plus de 60 000 fleurs et autant de légumes pour un potager vaste de un hectare.

[S]ur les coteaux ensoleillés, [la] vigne s'étale en damier. [C]hinon, bourgueil, vouvray, [m]ontlouis, [l]es vins d'Anjou sont si variés [q]u'on en trouve un différent [p]our accompagner chaque plat.

Les premiers palais de nos ancêtres! Les coteaux crayeux de la Loire sont creusés comme une taupinière d'habitations troglodytes. Certaines sont encore habitées, la plupart sont devenues des caves où mûrissent doucement les vins de Touraine.

seigneur veut son jardin; et Ronsard est fier de son carré de légumes où poussent « l'artichot et la salade, l'asperge et la pastenade, et les pépons tourageaux » ; il offre même à Charles IX des melons si parfumés qu'il les juge dignes d'un roi. Langeais a mis dans ses armoiries trois melons; et, après tout, une reine de France, Claude, a laissé son nom à des prunes.

Un trafic intense

Quelle animation sur le fleuve ! Tant que les routes ne sont encore que des pistes médiocres, la Loire reste le moyen de communication privilégié. Sous l'Empire romain, on passait déjà de la Bourgogne à l'Atlantique par le Cher et la Loire. Charles d'Orléans aime descendre de son château de Blois sur les rives de la Loire pour y regarder voguer les vaisseaux. Exagération de poète ? La Fontaine, lui, croit, à Orléans, « voir le port de Constantinople en petit ». Pendant tout l'Ancien Régime, le fleuve sert de voie ordinaire pour aller de Paris à Nantes : Mme de Sévigné descend en carrosse jusqu'à Orléans; là, vingt bateliers la harcèlent pour lui offrir leurs services et, en moins de trois jours, la voici menée à bon port, enchantée du voyage. Néanmoins, il est prudent de suivre les conseils de ce Strasbourgeois qui parle d'expérience : « 1° Il faut d'abord examiner le bateau, s'assurer qu'il est solide; 2° ne pas mettre d'argent entre les mains des bateliers, mais stipuler dans le contrat qu'ils recevront leur argent au terme du voyage; 3° bien spécifier que le patron reste lui-même dans le bateau, sinon les patrons font quelques lieues avec vous et vous abandonnent à des jeunes gens inexpérimentés (...) » Lorsque le canal de Briare est achevé, en 1642, reliant Briare à Montargis, l'importance du fleuve redouble. En 1829, le premier bateau à vapeur arrive à Orléans et les services Orléans-

Aujourd'hui, la Loire sommeille, mais pendant des siècles elle a connu un trafic intense, piquée de voiles blanches et carrées qui glissaient au fil de l'eau en transportant jusqu'à Orléans leurs précieuses cargaisons.

Nantes, qui mettent deux jours, font sensation. Mais bientôt la concurrence de la Compagnie des chemins de fer d'Orléans condamne la Loire au déclin, et ses chenaux s'ensablent...

Sans doute le fleuve est-il capricieux. Rien à attendre de son cours supérieur. Dégringolant des monts d'Auvergne, il creuse son lit dans des roches imperméables et refuse toute domestication. Ce n'est qu'à partir de Roanne que les voyageurs l'empruntent. À Gien commence la Loire des châteaux : les rives s'écartent, repoussant les croupes de la Sologne et les frondaisons de la forêt d'Orléans. Le fleuve déroule ses larges boucles entre les « levées », ces talus que, dès le XIIe siècle, les ingénieurs ont édifiés sur des dizaines de kilomètres pour régulariser son cours : protection dérisoire, barrière d'enfant que le fleuve, gonflé par les pluies ou la fonte des neiges, a tôt fait de crever ! Tous les Ligériens connaissent la violence des crues dévastatrices.

Les caprices de la Loire n'ont pas vraiment réussi à suspendre la navigation. Lorsque, dans la moiteur de l'été, l'eau se perd en maigres filets dans les sables, les nautoniers halent leurs bateaux sur la rive et les remettent à flot quelques kilomètres plus loin ; dès le Moyen Âge, des hommes sont d'ailleurs chargés de draguer les passages ensablés. Le chaland de la Loire, la gabare, est un bateau à fond plat qui n'a besoin que de 1 mètre de tirant d'eau pour porter une charge de 100 tonnes. Son profil est à peu près le même pendant trois ou quatre siècles : construit en chêne sur 20 mètres de long, il descend aisément le cours de la rivière ; grâce au vent d'ouest, dit « de galerne », il remonte presque aussi facilement le courant. Si le vent tarde à se lever, les mariniers vident à l'auberge des chopines en colportant les nouvelles. Dès qu'une bonne brise gonfle les voiles, ils courent sur le pont, et la gabare prend la tête d'un convoi d'une dizaine d'embarcations plus légères chargées de denrées précieuses destinées à la cour : les soies de Lyon et du Milanais, l'huile de Provence, le drap de Malines, le fer d'Espagne, ou encore les produits locaux, les cotignacs d'Orléans (gelée de pomme et de coing), le saumon, les huîtres, le sel, le blé... La période propice à la navigation est courte, aussi en profite-t-on pour naviguer en train, gabare contre gabare.

Les mariniers et les marchands se sont regroupés en une association puissante : « la Corporation des marchands fréquentant la rivière de Loire et autres fleuves descendant en icelle ». Elle jouit, dès le Moyen Âge, de la protection royale et a pour mission de défendre le plus modeste des bateliers, à condition qu'il ait payé sa cotisation. À elle aussi de surveiller l'entretien des voies navigables, le balisage des chenaux, les tarifs des péages, le bon état des levées : Louis XI a en effet ordonné le prolongement de la digue jusqu'à Tours. Le fleuve est divisé en sections et, à chaque section, la corporation vérifie que le seigneur, qui encaisse les péages, tienne bien ses engagements : les moulins mobiles ne doivent pas entraver la circulation et les digues seront entretenues.

Les péages sont très nombreux : en 1518, on en recense jusqu'à 200 sur la Loire et ses affluents ; mais ils ne frappent pas également les marchands : légers pour les gens du cru, ils pèsent lourdement sur les étrangers. Le rôle économique de la Loire peut alors se mesurer au nombre de changeurs installés sur ses rives : sur 750 recensés en France, 79 résident sur la Loire moyenne. Tours et Orléans servent d'entrepôts à toutes sortes de produits.

Des bourgeois qui deviennent châtelains

Le commerce enrichit. Les villes se couvrent de maisons superbement bâties. Les Groslot, maîtres peaussiers à Orléans autour de 1450, offrent bien l'exemple de bourgeois qui grimpent dans l'échelle sociale après avoir fait fortune dans le commerce. La deuxième génération des Groslot peut poursuivre des études à l'université d'Orléans ; à la troisième génération, Jacques Groslot devient bailli de robe, conseiller du roi, chancelier de la reine de Navarre (il adhérera à la Réforme). Il contracte un bon mariage et, vers 1531, il possède assez de biens pour se faire construire un petit château aux abords de la ville ; une lettre patente de François Ier l'autorise même à y établir un pont-levis « pourvu que cela ne tourne à aucun préjudice ». D'ici qu'il ajoute une aile et une tour à son corps de logis, qu'il afferme des terres et qu'il obtienne le droit de chatellenie, il n'y a pas loin...

L'installation de la cour des Valois en Val de Loire a évidemment favorisé ce type d'ascension sociale. Dans le sillage royal, les fortunes se font, et parfois se défont. Les Doucet, les Robertet, les Briçonnet, les Bohier, les Hurault et tant d'autres sont des exemples de réussites liées aux charges officielles, aux finances, qu'un réseau d'alliances et de bons mariages a consolidées. Nous les verrons un peu plus loin ouvrir les portes de leurs châteaux.

Où va le roi, va aussi le cortège d'artistes et d'artisans. Les Valois encouragent tout ce qui peut combler leur appétit de luxe et de beauté. Les ateliers de tapisserie suivent

À côté des châteaux historiques, la Touraine est semée de fermes fortifiées et de gentilhommières. Au détour d'une route, le promeneur découvre des fenêtres à meneaux délicatement sculptées, un élégant corps de logis et une tourelle, vestiges de la Renaissance.

les pas de la cour le long de la Loire : ils s'installent à Tours avec Louis XI, à Angers avec Charles VIII, à Blois avec Louis XII. Auxiliaire de l'humanisme, l'industrie du papier voit le jour à Meung-sur-Loire et on sait que Christophe Plantin, qui se fixera à Anvers, est d'origine tourangelle ; un édit de Henri II en 1553 dispense de taxe « tout ce qui est imprimé, relié ou non relié ». À Louis XI, Tours doit ses manufactures de soieries : on fait venir des tisserands de Lyon et de Milan ; Jean Briçonnet peut ainsi présenter à Londres des draps d'or de première qualité. La manufacture va devenir si prospère qu'elle exportera en Espagne et même en Italie ses pannes, ses taffetas et ses velours, durant le XVIIe siècle.

Avec ses donjons crénelés qui émergent de la brume, ses palais irréels dédoublés par les étangs, avec ses fêtes et ses richesses, le Val de Loire est-il un paradis terrestre ? Il s'en faut ! Les guerres de Religion

Joyeuses vendanges : c'est un des moments importants de la vie rurale en Val de Loire que relate cette tapisserie flamande. Les vignerons coupent les grappes, qui sont recueillies dans des paniers et portées aux fouleurs. Le premier liquide qui s'écoule des grappes écrasées, la « mere-goutte », donne le vin le plus apprécié.

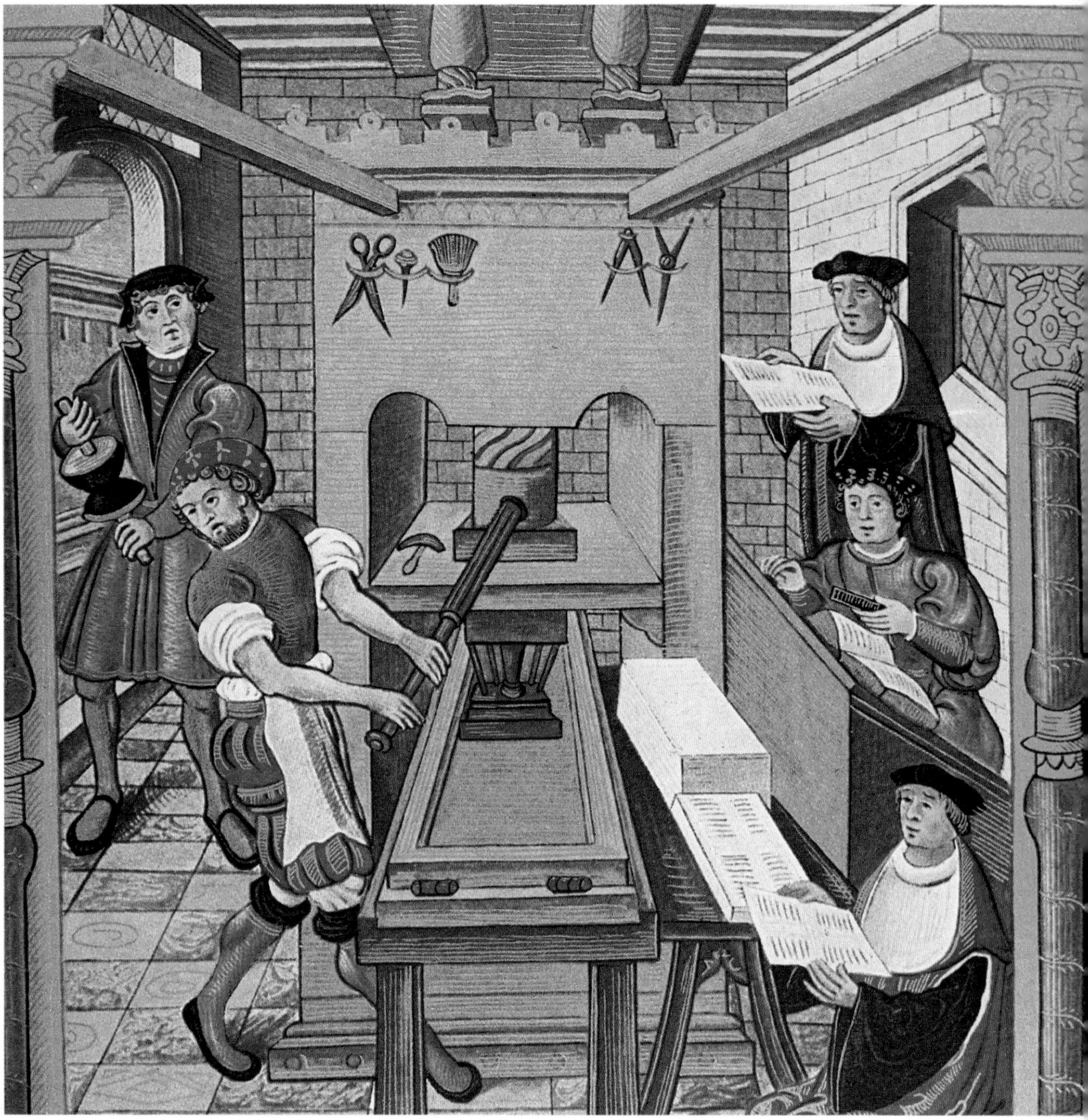

divisent les habitants, on s'entr'égorge. La peste cruelle est sur le fleuve en 1583, 1584, à nouveau en 1598 ; elle coûte la vie d'une partie de la population de Tours en 1607 ; les seigneurs se terrent dans leur château. Les famines et les hivers glacés font des ravages au XVIIe siècle. Et puis, la splendeur et le luxe de la cour ont leurs revers : les seigneurs se ruinent à suivre le train de la cour, les faillites se succèdent en cascades. Dès que les Valois ont quitté la Loire, commerces et industries manquent de débouchés et périclitent. Même les viticulteurs doivent abandonner des cépages de grande qualité, faute de clientèle ! Grandeur et décadence... □

Le premier livre imprimé en Val de Loire sort d'une presse orléanaise en 1481. Les tirages n'ont rien de comparable à ceux de notre époque : un ouvrage imprimé à 1 000 exemplaires est un best-seller ! En 1526, la bibliothèque du château de Blois contient 2 000 volumes ; elle en compte 16 000 quinze ans plus tard.

d'un château l'autre : survol d'histoire

Le Plessis-Bourré est, en quelque sorte, un château modèle : son plan, un quadrilatère cantonné de tours, avec une aile haute et trois ailes basses, a été copié dans toute la France. Son propriétaire, le trésorier de Louis XI, Jean Bourré, en commença la construction en 1468, après avoir achevé les travaux de Langeais.

Comme Flaubert rêvant devant le lit à baldaquin couleur cerise de Diane de Poitiers à Chenonceaux, divaguons un peu : si ces portraits illustres accrochés aux murs des châteaux pouvaient descendre de leur cadre d'or pour raconter leurs aventures, dire quels étaient leurs goûts, leurs passions, leurs angoisses et de quoi fut faite leur vie ! Mais ils restent muets sous la poussière séculaire, et Flaubert, voyageur curieux, infatigable du Val de Loire, avoue sa déception : « C'est une curiosité irritante et séductrice, une envie rêveuse de savoir, comme on en a pour le passé inconnu d'une maîtresse... »

Sans les hommes, les plus beaux monuments, les plus beaux salons ne sont que des coquilles vides. Il faut se familiariser avec les princes pour comprendre leurs palais, et connaître leurs palais pour percer les secrets des princes. Parcourir les châteaux de la Loire, c'est laisser l'histoire, les souvenirs refluer à la surface comme le sang de la vie.

Échec au roi

29 mai 1418, deux heures du matin : les Bourguignons se ruent dans Paris par la porte Saint-Germain, et commencent les pillages. Le dauphin de France âgé de quinze ans, Charles, s'est réfugié à la Bastille, mais les combats entre Armagnacs et Bourguignons ont pris une telle violence que sa sécurité n'est plus assurée. Dans la nuit, un vieux gentilhomme dévoué enveloppe l'adolescent dans un vêtement chaud

et l'entraîne avec lui, à cheval, sur la route de Melun jusqu'à Bourges. Là, son oncle Jean de Berry l'accueille dans son château, au milieu des trésors artistiques qu'il a rassemblés. Ainsi débute, par une fuite apeurée, l'âge d'or des châteaux de la Loire.

Quatre ans plus tard, Charles VI, usé par des crises de démence, s'éteint, et son fils, le jeune Charles VII, est proclamé roi à Mehun-sur-Yèvre. Il n'est alors que le petit roi de Bourges, sans grandeur, sans terre, sans prestige. Lorsqu'il arrive sur les bords de la Loire, il n'est sûr que de son duché de Touraine. Mais, en s'appuyant sur deux places imprenables, Loches et Chinon, il va reconquérir ville par ville son royaume. Vingt ans plus tard, il rentre triomphalement à Paris, mais il refuse de s'y fixer : Charles aime le Val de Loire, et il devient le premier roi tourangeau : un roi nomade, qui se déplace avec sa petite suite de favoris de Chinon à Loches, de Loches à Tours, de Tours à Mehun-sur-Yèvre.

Ses successeurs vont faire de même. Louis XI, Charles VIII auraient pu réintégrer la capitale des Capétiens, mais eux aussi choisissent de résider sur les bords de Loire. De sorte que, pendant 170 ans, les principaux actes de la politique française se déroulent entre Orléans et Angers. Le séjour prolongé des souverains et la prospérité qui accompagnent la paix font éclore en quelques années une floraison de tourelles...

Le Val de Loire n'a pas attendu Charles VII pour devenir le pays des châteaux. Il y a plus d'un demi-millénaire déjà que de solides donjons sont fichés dans le sol, alors que les puissants comtes d'Anjou disputent aux non moins puissants comtes de Blois les grasses terres de Touraine ! Le régime domanial implique la guerre domaniale, et chacun cherche à satisfaire ses appétits les armes à la main : batailles de grands barons ou batailles de grands fauves qui ressemblent plus souvent à du brigandage qu'à la guerre.

Autour de l'an mil, la lutte est permanente entre le césar angevin Foulques Nerra et Thibaud le Tricheur ou son successeur Eudes de Blois. Chacun plante ses donjons à la lisière de ses conquêtes pour en marquer la possession ou en défendre l'accès. De Foulques Nerra, surnommé « le Faucon noir », on a dit que ses châteaux étaient aussi nombreux que les jours de l'année. Le cœur de la France ressemble à un damier où les deux camps placent leur tour : échec

Le château de Mehun-sur-Yèvre, où se réfugie le petit Charles VII, appartient au duc de Berry, ce qui lui vaut de figurer parmi les miniatures des Très Riches Heures. *L'austérité du socle contraste avec la merveilleuse décoration des superstructures.*

au roi, le grand perdant de ces batailles ! Construits d'abord en bois sur des talus, les donjons se caparaçonnent de pierre, forteresses carrées qui surveillent la campagne : Langeais, Beaugency, Montrichard, Montbazon et tant d'autres... Puis l'art de la guerre se perfectionne aux XIIIe et XIVe siècles : pour donner moins de prise à l'ennemi, les tours s'arrondissent, elles s'élargissent à leur base et, à leur sommet, courent créneaux, mâchicoulis, chemins de ronde, d'où l'on jette de l'huile bouillante aux assaillants. La chemise, enceinte parallèle, protège l'ouvrage et les tours se coiffent de plusieurs étages de défense.

De la sécurité au confort

C'est un mérite considérable des Capétiens d'avoir réduit à l'obéissance les bastions rebelles des grands féodaux. À la fin du XIIe siècle, Philippe Auguste arrache aux Plantagenêts, devenus rois d'Angleterre, l'Anjou, le Poitou, la Touraine, et les Valois héritent d'une royauté puissante et prestigieuse. Cependant, du fait des héritages, des apanages (terres allouées aux cadets de famille), la Couronne a du mal à conserver son unité. La France reste divisée en factions, la féodalité se reconstitue, et les Anglais sont là en force : l'œuvre capétienne est à recommencer.

Avec le traité qui met fin à la guerre de Cent Ans et la lente pacification du royaume, on oublie les deuils, les misères, les sièges interminables. Toutes ces forteresses cuirassées, construites à des fins militaires, deviennent inutiles, juste bonnes à loger entre leurs murs rébarbatifs des prisonniers. On se remet à bâtir, on veut profiter de la vie et, pour la première fois, un souci de confort s'ajoute à celui de sécurité. Les meurtrières sont transformées en fenêtres ; le logis se sépare des dépendances militaires ; le château n'est plus une

Fougères est une vieille forteresse reconstruite sous Louis XI par Pierre de Refuge. Malgré l'allure médiévale des bâtiments et du donjon carré, la cour intérieure et sa galerie à arcs surbaissés évoquent l'aile Charles-d'Orléans du château de Blois.

On voit ici, à Chaumont, le dispositif d'entrée d'un château fort. Les deux tours jumelles formant pan coupé sur le front sud-est sont précédées d'un double pont-levis, l'un à usage des piétons, l'autre des charrois. Mais les murs percés de croisées, la frise décorative, le chemin de ronde à mâchicoulis, sculpté de l'emblème de Diane de Poitiers, démentent l'aspect militaire et féodal.

place forte, mais plutôt un palais fortifié, quadrilatère entouré de grosses tours d'angle, dont une aile, avec une salle haute, sert d'habitation seigneuriale : c'est ce plan qu'on trouve à Langeais.

L'étape suivante est franchie sous Louis XI, lorsque le goût de la décoration prend le pas sur les exigences de la protection. Certes, les ouvrages restent défensifs, avec douves et pont-levis ; ils conservent généralement une tour plus haute que les autres, rappelant ainsi le vieux donjon, mais les trois autres ailes du quadrilatère sont basses ; les fenêtres sont garnies de vitres et toutes sortes de motifs gothiques ornent le crénelage et les lucarnes : ce plan, qui est celui du Plessis-Bourré près d'Angers, est adopté un peu partout à la fin du XVe siècle, au Coudray-Montpensier, au Verger ou à Montreuil-Bellay ; il influencera même pendant près de deux siècles l'architecture des châteaux, lorsqu'on voudra fermer une cour intérieure par une aile basse.

Mais, presque au même moment, des architectes audacieux renouvellent l'art de construire, en édifiant les premiers manoirs...

Le château descend dans la plaine

Personne ne s'étonnera que la nouvelle mode des manoirs se soit implantée d'abord en Anjou, dans la province de ce bon roi René, ami des lettres et du bien-vivre : ce mécène et artiste n'a plus rien en lui de la fureur conquérante des vieux comtes d'Anjou ; il appartient déjà à la Renaissance, peut-être en raison de ses parentés italiennes ! Délaissant les gros châteaux forts, il fait construire dans leur voisinage de charmantes demeures, plantées au cœur de domaines agricoles : Launay, près de Saumur, Reculée et Chanzé près d'Angers. « Sis au ras de la prée », comme dirait Ronsard, ces manoirs abandonnent les promontoires rocheux et les sommets des collines ; on y goûte mieux le plaisir de la vie et la fameuse douceur angevine...

Cette nouvelle mode avait trop d'attrait pour ne pas faire école, et le goût du luxe est contagieux ! En Touraine, c'est un prince poète, cousin de René d'Anjou, Charles d'Orléans, qui, à son retour de captivité, innove à Blois : finies les geôles sombres, les maçonneries épaisses ; place au soleil, à la lumière, qui réchauffent les appartements par des galeries à arcades servant de promenoirs. Le même souci anime Louis XI lorsqu'il fait aménager Plessis-lès-Tours : c'est une construction simple, confortable, une retraite champêtre, décorée d'une combinaison polychrome où se mêlent chaînages de pierre et de brique. Elle va devenir le modèle d'une architecture de brique qui se répand largement en Touraine à la fin du XVe siècle, à Luynes, à Nançay, au château du Moulin de Lassay, à Herbault... Les maçons, avec beaucoup de goût et d'art, varient à l'infini la décoration en jouant avec les matériaux disposés en losanges, en damiers rouge et noir ; les murs perdent leur épaisseur et se percent de vastes fenêtres, que divisent les meneaux gracieux. Si l'on enchâsse encore les châteaux entre les douves ou les bras d'une rivière, c'est pour la fraîcheur des eaux ! L'appareil guerrier n'est plus qu'une fantaisie décorative, un agréable trompe-l'œil.

Peut-être ces grandes salles nues qu'on visite aujourd'hui apparaîtront-elles glaciales et sans âme ? Rien n'est moins vrai alors. Sur les hautes parois, de part et d'autre des

'ffets polychromes
our le château du Moulin de Lassay.
e décor de losanges noirs
e détachant
ur fond de briques rouges,
u'on aperçoit
'ans la tourelle du fond,
st fréquent dans le Blésois.

La grâce de l'Italie alliée au gothique français : ces fenêtres à meneaux s'ouvrent sur le chemin de ronde de l'aile François-Ier du château de Blois. Les frontons creusés de niches avec leur ornementation de coquilles et d'angelots s'inspirent du décor italien.

cheminées et des fenêtres, sont tendues des tapisseries étincelantes de couleurs : la cour est encore nomade, elle campe dans les murs de son château et emporte dans ses coffres ces cloisons de laine que des serviteurs vont déposer sur des tringles de fer ou de bois pour délimiter un espace, doubler une portière, aménager un pavillon douillet, un ciel ou des courtines autour du lit. Qu'il fait bon, durant les froidures de l'hiver, dans ce confortable « clotet », ou cabinet, de tapisserie tendu devant la haute cheminée où flambent les bûches ! Qu'arrive un hôte, et aussitôt les serviteurs puisent dans les bahuts étoffes et tentures qu'ils accrochent pour faire une chambre. Des clous sont fixés en permanence sur les murs — on en a beaucoup retrouvé — et les comptes de l'époque mentionnent le nombre des crochets, lors du déplacement du roi et de sa suite. On conçoit que les lissiers aient eu bien du travail en Val de Loire aux XVe et XVIe siècles ! La tapisserie fait partie des bagages...

Le vent d'Italie

Le grand vent du changement souffle à la fin du XVe siècle. Charles VIII ramène l'Italie dans ses armées. Par bateaux, par charrois, il rapporte un riche butin de ses campagnes outre-monts : 130 tapisseries, 39 tentures de cuir peint doré, des pièces de velours et de soie, des livres enluminés, des sculptures. Ce n'est pas tout : l'accompagnent dans sa suite des artistes dont il a admiré le talent, Domenico da Cortona (le célèbre Boccador), Guido Mazzoni le sculpteur, Fra Giocondo l'architecte, Dom Pacello le jardinier, ainsi qu'un éleveur de perroquets, un ébéniste, un facteur d'orgues, des tailleurs d'habits et même un fabricant de couveuses artificielles.

L'entrée de Langeais, avec sa haute cheminée et ses poutres anciennes, est caractéristique du décor sévère du XVe siècle. Les tapisseries représentant des chasses réchauffent la nudité des murs.

Non que l'architecture civile se modifie alors en profondeur; c'est l'ornementation surtout qui se renouvelle et mêle des thèmes italiens aux vieux rinceaux gothiques : frises, coquillages, pilastres, cannelures, arabesques à l'antique, corniches, colonnades, loggias, galeries, c'est une orgie décorative qui ajoure et cisèle la pierre, et dont le couronnement est à Chambord, combinaison rare d'un décor italien et d'une structure médiévale; on découvre l'art des jardins, on s'enivre d'eau et de forêts. Parfois aussi les maîtres d'œuvre français adoptent les formules plus audacieuses de l'architecture italienne, comme ces escaliers à rampe droite qui remplacent l'escalier à vis logé dans la tourelle. Naturellement, le goût du roi devient celui de toute la cour, et les grands seigneurs qui en ont les moyens ornent leur demeure de pinacles et de larges fenêtres, de frises et de moulures...

Hélas ! les fêtes ne durent pas et ces palais royaux ne sont bien souvent qu'un décor de théâtre prestigieux, qui s'anime le temps d'un bal ou d'une chasse, et retombe dans la brume au départ de la cour : les feux éteints, on roule les tapisseries, on empile les aiguières, les flacons, les plats d'argent, et le cortège disparaît au bout de l'allée de chênes. C'est déjà le temps où la cour des Valois va préférer Fontainebleau au Val de Loire...

Merveille d'élégance, l'escalier de l'aile Gaston-d'Orléans à Blois s'élance sous un plafond sculpté qui se termine en coupole. François Mansart a adapté au goût classique l'escalier à rampe droite de la Renaissance italienne.

L'escalier à vis logé dans une tour en saillie demeure de type courant jusqu'au milieu du XVIe siècle. Celui de Saint-Aignan, monumental, s'enroule en une spirale pleine de grâce dans une tour polygonale.

Symétrie, blancheur, sobriété pour Cheverny le plan de la Renaissance est revu par le goût classique L'appareillage des pierres en bandes horizontales la rangée de niches qui abritent des statues allègent la façade un peu lourde

Il semble bien que l'imagination se tarisse après ce coup d'éclat. La création, l'art émigrent vers le nord en même temps que les rois, et les maçons tourangeaux restés sur place se contentent de reproduire des formules connues. Certes, la tradition locale inspire encore d'élégants édifices, mais il s'agit surtout de demeures privées, d'autant plus jolies qu'elles sont de dimensions modestes, Villesavin, la Morinière, Poncé près de Tours, dont l'escalier Renaissance sous les voûtes à caissons atteint une perfection inégalée; d'autres encore qui vont servir de retraite à nombre de gentilshommes et à leurs héritiers. Le Val de Loire n'est plus au cœur des décisions politiques : la politique se fait en Île-de-France; le roi s'installe au Louvre et l'art oublie progressivement la grâce et la fantaisie de la Renaissance pour se couler dans le moule imposant de la monarchie louisquatorzième...

Les grands seigneurs demeurent à Paris, où ils ont leur hôtel, et ils font de courtes apparitions en province; ils adoptent pour leur résidence le style créé en Île-de-France, lignes droites, façade classique, avec des frontons, des cours pavées, des jardins peignés et tracés au cordeau : Menars, Cheverny en sont de beaux exemples; ils font appel à de grands artistes parisiens, Mansart, Soufflot, Gabriel. Les fortunes d'ailleurs s'essoufflent et beaucoup de vieilles demeures féodales, difficiles à aménager, servent à abriter quelque déconfiture financière ou quelque misère de vieux gentilhomme disgracié. Les châteaux changent de propriétaires, et la Révolution française en ruine plus d'un. Mais, malgré ces péripéties et ces épreuves, des familles parviennent à conserver leur propriété jusqu'au XXe siècle et consacrent leur fortune à protéger, restaurer, entretenir des châteaux ou des gentilhommières, qui grâce à eux sont encore aujourd'hui des demeures vivantes.

Les châteaux royaux connaissent souvent un sort beaucoup plus lamentable : la Révolution ne les a pas toujours épargnés et l'Empire s'en désintéresse; le vandalisme, les bandes de marchands sans scrupule s'en donnent à cœur joie : en 1815, Blois sert de caserne, les chariots envahissent la cour; serrures, ferrures, cheminées sont dérobées, ou récupérées pour servir à la restauration de demeures privées. À Chambord, la chapelle est transformée en chenil; le château, démeublé, est habité d'araignées et son état lamentable arrache des mots désolés à Flaubert : « Un sentiment navrant vous prend à cette misère qui n'a rien de beau. » Quant à Amboise, il est en partie détruit au début du XIXe siècle et, comme sa restauration est jugée trop coûteuse, on le vend presque en pièces détachées, vitraux, marches d'escalier, lambris, pavements, briques par lots de mille !

Ce sont les sociétés archéologiques de la seconde moitié du XIXe siècle et les cris d'alarme de Viollet-le-Duc qui alertent les pouvoirs publics et l'opinion. On restaure avec ardeur et parfois avec excès; on s'engoue pour les reconstitutions médiévales, qui ressemblent parfois à de blanches pièces montées ! Mais cette prise de conscience porte ses fruits; on panse les plaies. Et, au XXe siècle, les architectes des Monuments historiques vont appliquer leur science à la restauration des châteaux. □

La transparence de l'eau
donne aux paysages de Loire
cette luminosité particulière
et fait miroiter
entre les cailloux gris
la brique rouge de la façade
du château de Gien.

l'Orléanais, berceau du royaume

EXSANGUE OU IMPÉTUEUSE, grise ou blonde, nette comme une coulée d'argent fondu ou vaporeuse dans la brume, il y a autant de Loires que de régions traversées, autant de Loires que de voyageurs. Par où commencer ? Faut-il prendre le bâton du pèlerin de Compostelle qui repose ses pieds fatigués dans la nef d'une abbaye ou dans la grande salle d'un château, ou mettre ses pas dans ceux inspirés de Jeanne d'Arc ? Faut-il s'attabler avec Rabelais devant un plat d'andouillettes avant de se lancer en pleine guerre picrocholine, ou encore, avec Balzac et Félix de Vandenesse, fouiller un à un les châteaux de Touraine pour retrouver Mme de Mortsauf ?

De Gien aux Ponts-de-Cé, la Loire bouscule l'histoire sans façon. Elle se moque des chronologies ou de l'évolution des styles ; elle progresse ou s'attarde selon son bon plaisir. Et sans doute est-elle le meilleur des guides, qui sait ménager au promeneur toutes sortes de surprises, lui offrir après un joyau de la Renaissance un austère donjon féodal, la violence sauvage après la douceur des fêtes. Il n'y a point de lassitude à la suivre ; complice de tous les caprices, elle épouse la diversité de la nature et des goûts.

Pourtant, une fois n'est pas coutume : en pénétrant en Orléanais, la Loire coule d'un même flux que l'histoire. Ici est le berceau du royaume et de la jeune monarchie capétienne : pauvre en territoires, cernée par les grands barons, la royauté est surtout un symbole, puissant et fragile. À l'aube de l'an mil, le domaine d'Hugues Capet se réduit au comté d'Orléans et d'Étampes, noyau de la dynastie, auquel s'ajoutent quelques petits fiefs au nord. Mais les Capétiens doivent, pour circuler sur leurs terres,

La Loire, fleuve « aux inépuisables vagues de moire, aux grèves blondes, aux lignes souples, tantôt fougueux et plein comme un sauvage, et qui tantôt fait semblant d'être indolent... » (Ch. Péguy).

demander l'autorisation de leurs vassaux ! Aussi bien font-ils d'Orléans leur résidence habituelle ; et, pour deux siècles, Orléans sera la capitale du royaume. Sur le ruban de verdure où sinue le fleuve se sont établies de solides forteresses, comme des sentinelles face aux envahisseurs : Gien, Sully-sur-Loire, Châteauneuf, Jargeau, Meung et Beaugency. Avec leurs ponts de bois ou de pierre, elles sont les clés du passage de la Loire, les vigies du royaume et elles portent encore les meurtrissures des guerres.

C'est à Gien que la Loire entre dans le pays des châteaux. Elle coule large et majestueuse sous les gros murs de la vieille forteresse en équerre. Au nord, la Beauce limoneuse étale ses épis blonds à perte de vue, semée çà et là de quelques grosses fermes aux tuiles rouges ; là, les Carolingiens ont défriché d'immenses domaines. Plus à l'est, la forêt, avec ses landes, ses étangs, ses vallons profonds envahis de fougère, offre ses réserves giboyeuses et ses futaies de chênes et de bouleaux.

Il est juste de commencer l'exploration des châteaux par Gien, la forteresse d'Anne de Beaujeu. En Val de Loire, les dames sont chez elles, qu'elles siègent sur le trône royal ou qu'elles partagent plus discrètement la couche du roi dans quelque relais de chasse. Ce sont elles qui donnent le ton. « Une cour sans femmes est un jardin sans roses », a dit François Ier, connaisseur en la matière. Et, de fait, toute une variété de roses vont fleurir sur les bords de la Loire !

Anne de Beaujeu est une rose avec des piquants. Elle n'a de passion que politique. Brantôme nous la décrit autoritaire, dissimulée, vindicative comme son père Louis XI, et celui-ci d'ailleurs ne s'y trompe pas en lui décernant cet éloge tempéré par la misogynie du temps : « Elle est la moins folle femme de France, car pour sage je n'en connais pas. » Ces qualités vont faire merveille lorsqu'en 1482, à vingt-deux ans, Anne assume la régence au nom de son jeune frère âgé de treize ans, Charles VIII. Un an plus tard, Madame la Grande, comme on l'appelle, doit rendre le sceau royal, car la majorité est à quatorze ans. C'est la date où elle entreprend la réfection du vieux château de Gien, selon la mode du temps, avec une décoration de briques rouges et noires. Les travaux durent plus de cinq ans, mais Anne n'abandonne certes pas les affaires ; grâce à son époux, Pierre de Beaujeu, elle met la main, avec une habileté digne de son père, sur les biens de cette maison ; puis elle s'assure la fidélité de vassaux dévoués et se retire à Moulins, où elle accueille les artistes. À sa cour, une parente pauvre, Louise de Savoie, attend patiemment son heure, ou plutôt l'heure de son fils François d'Angoulême. Et, tandis que le jeune Charles VIII rêve de romans de chevalerie et de conquête italienne, Anne de Beaujeu tisse solidement un réseau d'alliances et édifie sa fortune. Gien n'est pas abandonnée dans sa prospérité : la ville lui doit la reconstruction du pont, l'église du château, le couvent des Minimes qui abrite la faïencerie, le couvent des Clarisses, la chapelle Saint-Lazare ; la dernière guerre a, hélas, beaucoup endommagé les quartiers situés entre le château et le fleuve.

*Pour son ministre,
Henri IV a érigé en duché
l'ancienne baronnie de Sully.
Le grand argentier
y vit sur un train princier
et y rédige ses Mémoires.*

Un duc heureux, Sully

En quelques kilomètres, franchissons quelques siècles : voici Sully. Sur la porte, un écriteau indique en 1961 : « Château à vendre. » Après des enchères disputées, Sully, son parc et ses douze dépendances trouvent acquéreur pour 654 210 nouveaux francs. Le ministre de Henri IV en avait fait l'acquisition pour 330 000 livres ; il est vrai que les grands dignitaires du royaume savaient arrondir joliment leur fortune ! Sully, qui a toujours eu le goût des chiffres, léguera à sa mort, en 1639, plus de cinq millions de livres.

Lorsqu'il achète le château, le ministre d'Henri IV n'est encore que Maximilien de Béthune, marquis de Rosny. Il possède beaucoup de terres dans l'Orléanais, en Beauce, en Perche ; il est gouverneur de Jargeau et perçoit les bénéfices de Saint-Benoît-sur-Loire, où, en bon protestant, il a mis un abbé catholique ! Pour le remercier de ses services, le roi veut lui accorder le titre de duc : « Sire, répond le ministre, je serai un duc heureux si au titre que vous venez de me donner est attachée cette terre que j'aime le plus, celle de Sully. »

Ainsi fut fait, et le nouveau duc déploya une activité inlassable à restaurer sa propriété : il couvre les toits d'ardoise, décore les appartements de peintures et de boiseries, dessine les jardins et alimente les bassins grâce à une ingénieuse machine qui pompe l'eau de la Sauge, petit affluent de la Loire. Avec ses lourdes tours et ses douves, le château porte bien son nom, qui signifie « lieu fort ».

*Grâce et rudesse
pour le château de Sully,
campé en vigie
à l'entrée de l'Orléanais ;
le fleuve
qui alimente ses douves profondes
fournit une défense invulnérable.*

*a magnifique charpente ancienne
e la salle des gardes
u château de Gien
brite un musée de la chasse
t une collection de peintures
e François Desportes,
eintre des chasses royales.*

Le donjon du XIVe siècle, son chemin de ronde et sa magnifique charpente de châtaigners évoquent encore la guerre de Cent Ans, lorsque La Trémoille en était propriétaire et tentait de retenir Jeanne d'Arc entre ses murs ; mais, à l'est, le petit château du XVIIe avec ses deux corps de logis et son pavillon Renaissance a gardé une allure plus gracieuse. C'est surtout après la mort d'Henri IV que Sully, éloigné de la capitale par Marie de Médicis, aimera s'y retirer.

On connaît la prodigieuse capacité de travail du ministre. Levé à quatre heures, il dicte des notes à ses secrétaires durant toute la matinée ; les repas ont lieu dans la grande salle, servis suivant la plus stricte étiquette : sa femme et lui trônent dans des fauteuils aux deux extrémités de la table,

« Le petit Arouet » est devenu Voltaire lorsque Largillière fixe de son pinceau l'œil malicieux et le sourire moqueur de l'écrivain. Dans la grande salle du vieux château, Voltaire fit jouer en 1719 sa tragédie, Artémise.

Dans le « vieux château », Georges de La Trémoille reçut Jeanne d'Arc. Il tenta, par tous les moyens, de l'y garder prisonnière.

tandis que leurs invités n'ont droit qu'à des tabourets ; du moins, c'est cette méchante langue de Tallemant des Réaux qui le prétend ! Le grand homme a ses petits travers : hautain, vaniteux, très fier de son illustre lignage, il est détesté pour son orgueil. C'est encore Tallemant qui décrit ses protocolaires promenades avant le dîner dans le parc, en compagnie de courtisans empressés : « Quinze vieux paons, et sept ou huit reîtres de gentilshommes, au son de la cloche, se mettaient en haie pour lui faire honneur et puis le suivaient... » On s'y croirait.

C'est durant ces longues matinées de retraite, entre 1611 et 1617, que Sully rédige ses Mémoires, dont le titre exact est *Mémoire des sages et royalles œconomies d'Estat, domestique, politique et militaire de Henry le Grand, l'exemplaire des rois, le prince des vertus, des armes et des lois, et le père en effet du peuple françois.* Qu'on ne crie pas au flatteur ! Le ministre a une vraie dévotion pour le roi, qu'il a servi plus de trente ans ; mais il n'oublie pas pour autant — charité bien ordonnée... — de se justifier lui-même. Les deux premiers volumes sont imprimés en 1638, au château même où un imprimeur d'Angers a transporté ses machines. Coût de la facture : 5 223 livres, peu de choses au regard de la fortune amassée et du jugement de la postérité.

Pendant trois siècles, le château est resté dans la famille, ce qui est assez rare sur les bords de Loire (mais on cite également Luynes, Brissac, Cheverny). Parmi les illustres visiteurs qu'il a accueillis, la place d'honneur revient, au XVIIIe siècle, à un jeune homme de vingt-deux ans, « le petit Arouet », qui s'est un peu trop moqué du régent et auquel on conseille en 1716 de se faire oublier à la campagne. Deux ans plus tard, le petit Arouet deviendra célèbre sous le pseudonyme de Voltaire. Mais, en attendant, il crâne, replié à Sully : « Il y a peut-être des gens qui s'imaginent que je suis exilé, mais la vérité est que M. le Régent m'a ordonné d'aller passer quelques mois dans une campagne délicieuse où l'automne amène beaucoup de personnes d'esprit... » Fanfaronnade. L'accent sonne plus juste lorsqu'il s'écrie : « Il serait délicieux pour moi de rester ici s'il m'était permis d'en sortir ! » Et cet aveu en évoque un autre, non moins sincère, de Mme de Staël, exilée moins d'un siècle plus tard à Chaumont, dont elle admirait aussi la beauté : « Oui, mais combien je préfère mon ruisseau de la rue du Bac ! »

Comme le duc de Sully, mais de moindre extraction — noblesse de robe —, Louis II Phélypeaux, seigneur de La Vrillière, châtelain de Châteauneuf-sur-Loire, est un grand commis de l'État. L'Orléanais regorge de familles qui pour prix de leurs services

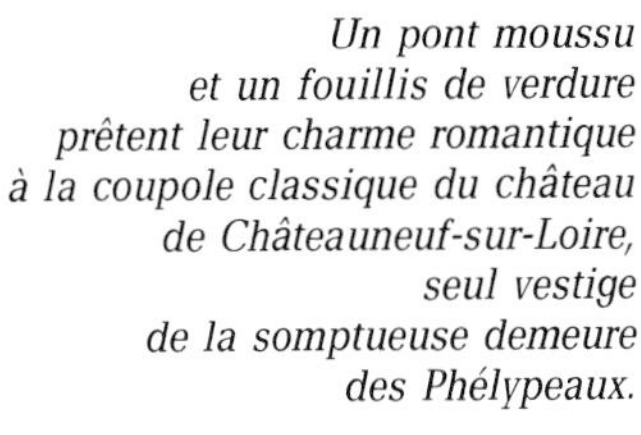

Un pont moussu et un fouillis de verdure prêtent leur charme romantique à la coupole classique du château de Châteauneuf-sur-Loire, seul vestige de la somptueuse demeure des Phélypeaux.

reçoivent de bonnes terres en Beauce ou en Sologne. Le chancelier Séguier possède Gien, et Châteauneuf, avant d'appartenir aux Phélypeaux, appartient au surintendant des finances de Louis XIII, Particelli d'Émery.

La fortune des Phélypeaux, originaires de Blois, date du XVIIe siècle : pendant deux cents ans, ils sont, de père en fils, ou secrétaire d'État, ou grand maître des Cérémonies, ou contrôleur des finances. Louis II, l'un des plus fastueux, fait reconstruire le château médiéval, où il rassemble meubles, tapisseries et collections précieuses ; cette prospérité due à la faveur royale ne vaut pas que des amis à la famille, si l'on en juge par cette boutade que lance un voisin sur un Phélypeaux de Saint-Florentin du XVIIIe siècle : « Son dévouement aux volontés du roi et ses goûts casaniers le rendent très nul, excepté pour ce qui concerne sa place ! »

À la veille de la Révolution, en 1783, Châteauneuf est acheté par le duc de Penthièvre, amiral de France, connu pour son mécénat. Mais les événements de 1789 sonnent le glas des fêtes et des bals. Les mauvaises herbes poussent dans le parc dessiné par Le Nôtre et le château, à l'abandon, est démoli en 1803. De ces heures de gloire, il ne reste aujourd'hui qu'une charmante rotonde à coupole, des pavillons d'avant-cour et la somptueuse parure de rhododendrons géants.

À Meung-sur-Loire, un nouvel art d'aimer

À partir de Sully, la Loire pénètre dans les marnes de l'Orléanais et s'assoupit en larges boucles, ou s'éparpille en ruisselets qui enlacent des bancs de grève blonde avant de s'unir à nouveau. Prairies, vignes étagées sur les rampes, bouquets de pins lui font cortège. Dans ce paysage paisible, sanctifié par la merveilleuse abbaye de Saint-Benoît, qui songerait à évoquer des images de guerre ? Et, pourtant, combien de mouvements de troupes, d'exodes, à travers les siècles, dont les plus récents remontent à 1944...

Saint-Benoît-sur-Loire, qui s'appelait autrefois Fleury, a été reconstruite aux XIe et XIIe siècles, et sa nef romane fut achevée en 1218. Les hautes colonnes, les travées aux arcatures brisées, le chœur surélevé, la voûte sur croisée d'ogives mettent en valeur l'harmonie de la nef.

En 1429, les Anglais et leurs alliés, derrière le duc de Bedford, sont chez eux en Orléanais ; ils sont à Meung, à Beaugency, à Jargeau, et ils peuvent claironner la vieille complainte :

Que reste-t-il au dauphin si gentil ?
Orléans, Beaugency,
Notre-Dame de Cléry,
Vendôme, Vendôme...

Et, pourtant, ces vainqueurs devant lesquels s'ouvre la plaine ont le moral bien bas : une jeune paysanne de dix-huit ans, une sorte de sorcière qui fornique avec Satan et s'habille en garçon, vient sous leur nez et par surprise de délivrer Orléans pour le compte du petit Charles VII. La défaite anglaise tient du sortilège ! Le 8 mai, les soldats anglais commencent à se replier ; le 11, ils doivent abandonner Jargeau ; le 15, ils lâchent Beaugency. C'est la déroute totale. Les petites garnisons laissées en arrière se débandent à l'approche de la fameuse bannière « Jhesu Maria », tandis que Suffolk est fait prisonnier. Désormais la voie est libre, au terme de laquelle Charles VII, le dauphin si gentil, recevra à Reims l'onction sacrée qui, de lui, fera vraiment le roi de la France.

Aujourd'hui, ces gros donjons qui surmontent de paisibles villages blanc et bleu n'ont plus rien de bien sinistre. Celui de Beaugency, un des plus anciens, est typique de l'architecture militaire du XIe siècle ; celui de Meung est de deux siècles plus tardif. Ils sont encore pleins de souvenirs historiques, liés davantage à l'amour qu'à la guerre !

Dans la forteresse de Beaugency, reconstruite au XVe siècle, se déroule le dernier épisode d'une malheureuse histoire d'amour qui a tourné en catastrophe politique. Le 18 mars 1152, le concile de Beaugency annule le mariage de Louis VII et d'Aliénor d'Aquitaine. Le mariage a pourtant commencé sous les meilleurs auspices ; la jeune femme, la mieux dotée du royaume — elle apporte dans sa corbeille de noces ses terres d'Aquitaine et le Poitou —, accompagne son mari pour la croisade en Palestine ; mais, trop belle ou trop ardente, elle ne résiste pas au climat lascif de l'Orient, ni aux avances d'un oncle prince en ce pays ; le mari a des soupçons, écourte son séjour et décide de divorcer. En vain le pape cherche-t-il à arranger les choses : il fait coucher le roi et la reine dans le même lit, nous dit l'auteur de l'*Historia pontificalis ;*

Le donjon carré de Beaugency a été édifié par Foulques Nerra. La poterne s'ouvre au premier étage, occupé par les magasins ; au second étage vit le seigneur la suite habite aux étages supérieurs, et un crénelage couronne le tout.

et, neuf mois plus tard, une petite princesse naît. Mais Aliénor n'est pas calmée, et pas davantage Louis VII ; il faut se résigner au divorce : le concile de Beaugency rompt donc l'union, pour cause de consanguinité. En perdant une épouse volage, Louis VII perd la moitié de la France ; un vassal, Henri Plantagenêt, recueillera l'une et l'autre.

Le château de Meung appartient, lui, aux évêques d'Orléans. Des évêques qui ne badinent pas avec la morale : dans le château croupit tout l'été de 1461, enchaîné par les pieds et vivant « d'une petite miche et de froide eau », un filou qui est aussi un grand poète, François Villon. Par bonheur, Louis XI, passant par là, le délivre. Mais c'est un autre poète, tout à fait recommandable celui-là, docteur en théologie, et pourtant non moins subversif, qui, deux siècles plus tôt, rend célèbre la petite ville de Meung : il s'appelle Jean Clopinel, plus connu sous le nom de Jean de Meung.

Ce brave quinquagénaire a repris vers 1277 le roman inachevé de Guillaume de Lorris, *le Roman de la Rose*, pour lui donner une suite de 18 000 vers. Et quelle suite ! Au milieu de toutes sortes de savants discours, il glisse de violentes satires contre les prêtres et les moines, et surtout, au nom de Dame Nature, il dresse un assaut en règle contre l'amour courtois et le culte de la dame inaccessible... En avance de deux siècles sur l'humanisme, son Amant cueille sans remords les roses de la vie. Les évêques, le vieil universitaire Gerson condamneront ces hardiesses, mais le livre sera le plus lu de toute la littérature jusqu'au XVIe siècle.

Quittons l'Orléanais sur cette parodie irrespectueuse de l'idéal courtois écrite par un bourgeois frondeur. C'est justice, car, au XVe siècle, un monde est en train de s'écrouler, de faire faillite : celui de la toute-puissance du chevalier, vaincu à Crécy, à Poitiers, à Azincourt. D'autres horizons se profilent, qui laissent le champ ouvert aux influences féminines : c'est par les femmes que s'opère au XVe siècle la vraie transformation des mœurs... □

Le Roman de la Rose *fut un best-seller du Moyen Âge. Jean de Meung lui donna une conclusion humaniste : Amour délivre Bel Accueil et se laisse subjuguer par Nature. Le donjon n'évoque que de très loin la grosse tour carrée de Meung-sur-Loire !*

Blois, château-musée

C'EST APRÈS BEAUGENCY que commence véritablement le Val des Valois. La Loire élargit son bassin et décrit des courbes harmonieuses, en longeant les bois sombres et les marécages solognots, avant de s'épanouir entre les coteaux couverts de vignobles et les parcs fleuris : pays de transition où s'espacent les labours et où commencent, sous un climat presque méridional, les vergers de Touraine. Pays de grande gueule, où Pantagruel n'aurait pas dédaigné les spécialités régionales, les salmis de bécasse et le canard à la solognote, les asperges, la carpe Chambord ou le saumon Val de Loire, arrosés d'un bon vin couleur de rubis.

Riante, harmonieuse, habitée de gens d'esprit, ainsi les divers visiteurs ont-ils vu Blois dans le passé, faisant mentir le fameux dicton : « Blois, ville de parvenus, croque gaiement ses revenus ! » Le plus ancien seigneur du lieu, au triste surnom de Thibaut le Tricheur, a disparu des mémoires, qui préfèrent retenir le souvenir de Charles d'Orléans, le prince-poète auquel la ville doit peut-être sa tradition de raffinement et de sociabilité.

« ... le fleuve
Sous Blois élargissant son splendide bassin
Comme une mère presse un enfant sur son sein
En lui parlant tout bas d'une voix recueillie
Serre une île charmante en ses bras qu'il replie. » (Victor Hugo)

À la frontière de trois régions, Beauce, Sologne, Touraine, le château est aussi au carrefour de plusieurs époques ; son architecture résume cinq siècles d'histoire : château-musée, château pilote aussi, qu'imitèrent les grands seigneurs désireux de mettre leur demeure au goût du jour ; sur ses murs s'inscrivent quelques-uns des événements les plus tragiques, les plus galants, les plus rocambolesques ou les plus touchants de l'histoire de France.

Le poète et le truand

Blois est d'abord le château d'un poète, Charles d'Orléans. Des vieux murs crénelés rachetés au XIVe siècle aux comtes de Châtillon, le duc décide de faire vers 1440 une demeure simple, confortable, accueillante aux artistes, la retraite paisible où reposer son cœur blessé. Charles a été terriblement éprouvé par la vie : il a treize ans lorsque son père Louis d'Orléans est assassiné par les sicaires de Jean sans Peur ; marié à quinze ans, il perd sa jeune femme en 1409, puis sa deuxième épouse en 1415. Pour venger la mort de son père, il rassemble des

Blois, ville paisible et riante, est imprégnée de la douceur de la Loire. Tous les voyageurs ont aimé ses murs blancs, ses toits d'ardoise, ses rues étroites, ses jardins et ses innombrables clochers qui égrènent les heures dans l'air léger. La Seconde Guerre mondiale, hélas, a détruit plusieurs centaines de maisons.

troupes en vendant ses biens et les bijoux de la famille, mais il est blessé dans le désastre d'Azincourt et fait prisonnier par les Anglais. Vingt-cinq ans de captivité dans les geôles glaciales de la Tour de Londres et de châteaux perdus dans les brouillards ! *« In black mourning is clothed my courage »,* écrit-il dans sa prison (« Mon cœur est habillé de deuil ») ; il compose des ballades pour tromper sa peine et parvient enfin à réunir la rançon qu'on exige. Libéré en 1440, il regagne la France avec la joie mélancolique qu'on devine, et il s'installe à Blois, les travaux achevés, vers 1550, en compagnie de sa nouvelle et très jeune épouse, Marie de Clèves.

La Loire est un paysage apaisant ; dans son château, Charles mène une vie de « doulx seigneur » ; on peut le voir se promener sous les arcades de la galerie, vêtu d'une longue robe fourrée et composant des vers. S'il se soucie peu de protocole et préfère à tout la noblesse du cœur et de l'esprit, il veille néanmoins à l'harmonie du décor : la salle des chevaliers est couverte de tapisseries et sur le sol s'étalent les tapis d'Orient.

Un jour de l'année 1457, devant cette cour délicate, se présente un étrange garçon de trente ans, « sec et noir comme escouvillon », qui s'en revient d'Angers où l'a attiré quelque mauvaise affaire. Il s'appelle François Villon. C'est un mauvais garçon, une sorte de révolté qui hante les tripots et connaît mieux le crochetage des serrures que les maîtres de l'Université où il a été étudiant. On le recherche pour le meurtre d'un prêtre avec lequel il s'est empoigné. Mais, il y a un an déjà, ses *Lais,* sortes de petits testaments, ont conquis le public par leur bouffonnerie, leur sincérité, leur fraîcheur poétique. Et, entre le vieux prince âgé de soixante-sept ans et le jeune truand en cavale, s'instaure l'amitié qui naît des mêmes goûts, par-delà la différence des conditions sociales.

À l'aimable compagnie qui l'entoure, Charles s'amuse à suggérer des thèmes pour concours de ballades. Celui qu'il propose à François Villon semble l'inspirer : « Je meurs de soif auprès de la fontaine. » Les vers de chacun des deux protagonistes nous ont été conservés, mais c'est Villon qui remporte le prix ! Nourri, logé, appointé, abreuvé, Villon n'est pas homme à garder longtemps le licou, ou à demeurer immobile devant la fontaine ! Un matin de mai, il détale sans prévenir, et on perd sa trace...

À près de soixante-dix ans, le vieux duc d'Orléans a la joie d'avoir enfin, après deux filles, un fils. L'enfant s'appellera Louis, du nom de son royal oncle, Louis XI ; le roi se déplace d'ailleurs en personne pour tenir le bébé sur les fonts baptismaux. Personne ne songe alors que le petit Louis régnera un jour, car le dauphin, le futur Charles VIII, élevé à Amboise est en parfaite santé. Du reste, Louis XI songe si peu à cette éventualité que, lorsque son neveu a deux ans, il décide de le marier avec sa propre fille, Jeanne ; Jeanne a l'âme belle, mais elle est difforme et chétive, et le mariage a de bonnes chances de rester stérile : les biens de la lignée d'Orléans reviendront ainsi à la couronne de France.

Lorsqu'on présente la frêle Jeanne âgée de douze ans à sa future belle-mère Marie de Clèves, celle-ci s'évanouit presque d'horreur ! En tout cas, le contrat est signé et le 8 septembre 1476, l'archevêque d'Orléans bénit le couple au château de Montrichard. La petite épousée se retire ensuite à Lignières, où elle a grandi et où, sur l'ordre du roi, son mari Louis vient lui rendre visite deux fois par an, sans même lui parler ni la regarder. Pauvre Jeanne !

Blois devient résidence royale

C'est en effet une farce de l'histoire que de voir, marié avec ce laideron bossu, l'impétueux, le turbulent Louis d'Orléans. Le jeune homme passe pour un des meilleurs lutteurs du royaume et il est capable de sauter cinq mètres par-dessus les fossés de Châteauneuf-sur-Cher, où vit souvent sa mère. Léger, frivole, goûtant le luxe et les plaisirs, comment saurait-il apprécier les qualités

Cette gravure illustre la première édition des œuvres de François Villon en 1489 : poésie, irrévérence, subtilité. L'écrivain est à la fois un érudit qui n'ignore rien des traditions et une sorte de bohème qui rompt avec les lois et les usages de son temps.

Les mœurs courtoises se maintiennent à Blois grâce à un prince raffiné, Charles d'Orléans, et à la cour que rassemble sa coquette jeune femme, Marie de Clèves. Rondeaux, ballades sont récités ou chantés devant une assemblée de doulx seigneurs et de gentes dames à hennin pointu et à longs voiles.

profondes de Jeanne ? Il n'y a d'ailleurs que l'ambition qui compte pour cet esprit frondeur, et il ne se prive pas de conspirer : on le dirait impatient de s'asseoir sur le trône !

Le destin cette fois le sert. Alors que Louis est sur le point d'être arrêté pour ses agissements, le roi Charles VIII, qui n'a que vingt-huit ans, meurt brusquement en 1498 à Amboise ; son épouse, Anne de Bretagne, ne lui a pas donné de dauphin, et Louis est son plus proche héritier. Miraculeuse transformation : d'un trublion écervelé, le duc d'Orléans devient Louis XII, un roi économe, pour ne pas dire avare, et libéral, peut-être précocement usé par ses écarts de jeunesse. Pas question pour lui de partager le trône avec une femme infirme, Jeanne ; pas question non plus de laisser la veuve de Charles VIII, Anne de Bretagne, se retirer sur ses terres en remportant la précieuse couronne de son duché ! Le pape Alexandre VI tranche la difficulté sans scrupule excessif : il envoie aussitôt, en somptueux cortège, son fils naturel César Borgia à Chinon — le château de Blois est en pleins travaux — pour y apporter les lettres d'annulation du mariage de Louis XII.

Jeanne répudiée, retirée au couvent, plus rien ne s'oppose à ce que Louis épouse la veuve et son beau duché : Anne de Bre-

Sur ce charmant portrait peint sur bois, Anne de Bretagne porte la coiffe de son pays et une robe simple nouée d'une cordelière. Elle est, à vingt-trois ans, la première souveraine à habiter Blois.

À gauche : *l'aile construite par François Mansart tranche par sa sobriété avec la fantaisie luxuriante de l'aile François-Ier. Gaston d'Orléans n'eut pas le loisir d'y habiter, occupant le fond de la cour. Le bâtiment est d'ailleurs resté inachevé.*

Ci-dessus : *éclatante de blancheur, toute en pierre de taille, l'aile François-Ier contraste avec les bâtiments de ses prédécesseurs ; la tour de l'escalier à pans ajourés occupait jadis le milieu de la façade, mais elle a été décentrée par la construction de l'aile de Gaston d'Orléans ; ses balcons ouvragés servaient de tribunes à la Cour lors des fêtes royales.*

À droite : *l'aile Louis-XII, où l'on remarque les premières traces d'italianisme, et la galerie à un étage, plus sobre, de Gaston d'Orléans harmonisent leur chaud décor de brique.*

tagne, mûrie par les épreuves, a vingt-deux ans lorsqu'elle devient reine pour la seconde fois en 1499. Comme Blois est trop inconfortable pour y mener la vie de cour, le roi décide de réaménager complètement le château en lui adjoignant une aile ; en attendant, le couple vivra à Amboise. Souci louable, Louis recommande au directeur des travaux, François de Pontbriant, d'harmoniser les bâtiments neufs avec l'aile déjà aménagée par son père ; aussi y retrouve-t-on le même mélange de pierre et de brique, les mêmes moulures et les mêmes arcades.

L'équipe d'entrepreneurs est celle qui a déjà travaillé à Amboise ; des gens du pays : Colin Biart, Jacques Sourdeau, Pierre Trinqueau. L'influence italienne se sent dans la décoration des frontons, des lucarnes, des corniches soulignées, des panneaux d'arabesques, mais les maçons français ont conservé la technique traditionnelle du gothique flamboyant en creusant en profondeur les sculptures, ce qui leur donne la délicatesse d'une guipure. Quant aux nouveaux jardins, aménagés en terrasse avec une fontaine de marbre blanc, et le petit pavillon de la reine, ils font l'admiration des visiteurs italiens.

Le nouveau château ainsi modernisé devient la résidence favorite de la famille royale. Les appartements, de modeste dimension, occupent le premier étage. On a fait venir d'Amboise tapisseries, tentures, coffres, argenterie, orfèvrerie. La chambre de la reine est tendue de drap d'or et d'une tapisserie brodée d'animaux étranges. Elle communique avec la chambre du bébé — la princesse Claude, née en 1499 — dont les murs sont couverts d'une tapisserie qui figure une bergerie. À côté du berceau protégé d'un ciel de damas vert est dressé le lit de camp de la gouvernante.

La maison de la reine comprend quelque trois cents personnes, dont cent dames et demoiselles d'honneur appartenant à de nobles et puissantes familles. Petits pages, chevaliers de noblesse bretonne, écuyers, panetiers, échansons, médecins, apothicaires font partie de la suite ; la reine de France donne grand train à sa cour. Très simple dans la vie quotidienne — elle porte une robe de velours sans ornement, resserrée par une cordelière de religieuse, et ses cheveux sont retenus sous une coiffe bretonne à petits plis —, elle revêt pour les cérémonies officielles de somptueuses robes de cour bordées d'hermine : la cordelière et l'hermine composent son emblème. Louis XII, lui, ne semble pas préoccupé de vie mondaine : cheveux mi-longs sous le bonnet, manteau court, son vêtement ordinaire est modeste, et son repas encore plus, du bœuf bouilli !

Les naissances, puis les morts successives de ses enfants ont meurtri Anne, qui s'est repliée au deuxième étage, dans les bâtiments situés au chevet de la chapelle, tandis que sa fille Claude occupe un appartement non loin d'elle, séparé par une pièce de réception. Le boudoir de Claude est alors tendu de soie jaune, bordée d'une cordelière et des armes de Bretagne ; dans la pièce, de grands coffres sculptés, une chaise à haut dossier de bois, un prie-Dieu, un miroir vénitien et, sur un dressoir, des pièces d'orfèvrerie rapportées d'Italie par son père. Les goûts de la famille royale sont simples.

Des fiancés de deux ans

Belle et grave, Anne de Bretagne est aussi une tête politique. Sa grande préoccupation, depuis la naissance de la petite Claude, est de lui trouver un mari. Un mari qui satisfasse aux exigences du rang, du cœur et de la politique. Quelle mère n'aurait de l'ambition pour sa fille ? Or, l'archiduc Philippe

Les appartements de la reine dans l'aile François-Ier : la décoration des plafonds fleurdelisés, la haute cheminée, où l'on reconnaît sculptées la salamandre et l'hermine sous une frise de coquilles Saint-Jacques, donnent une idée de la richesse des intérieurs.

Le tournoi est un spectacle apprécié de la Cour, qui admire, des tribunes, l'habileté des chevaliers. Le jeune dauphin, futur Henri II, pour le mariage duquel fut donné ce tournoi, pouvait-il deviner qu'il périrait vingt-cinq ans plus tard dans ce type de joute, victime de la lance de Montgomery ?

d'Autriche et son épouse Jeanne de Castille viennent d'avoir un fils, Charles, auquel est destiné un immense royaume : l'Espagne, la Bourgogne et peut-être l'Empire. Bien que ce projet d'union présente de grands dangers, Louis XII se rend aux arguments de son épouse ; peut-être cède-t-il en pensant qu'il aura lui-même un fils. En tout cas, en 1501 — Charles a un an, et Claude deux —, les futurs beaux-parents sont reçus à Blois avec toute la solennité due pour l'occasion : haie d'archers, Suisses en uniforme rutilant, cortège de grands dignitaires. Des gardes avec des torches au poing s'échelonnent dans la cour et le long de l'escalier. Parmi la noble assistance, un enfant de douze ans a le premier rang : François d'Angoulême, fils de Louise de Savoie, qui, en attendant la naissance d'un dauphin, est l'héritier de la couronne.

L'archiduc saute de cheval devant la porte du logis neuf ; il est introduit dans la grande salle du premier étage, décorée de tapisseries et de draps d'or, où il salue le roi de trois révérences. Louis XII lui donne l'accolade. Puis c'est au tour de l'archiduchesse de faire son entrée ; elle est conduite dans les appartements de la reine. Une gouvernante tient la petite fiancée de deux ans dans ses bras, suivie d'un cortège de vingt fillettes, pour la présenter à sa future belle-mère. Le bébé hurle — mauvais présage ? Une escorte de pages tend à ces dames une collation, dragées et confitures dans des pots d'or ; le repas est modeste, car on est à la vigile de Notre-Dame des Avents. Pour le coucher, des tapisseries sont tendues, on apporte un grand coffre de velours vert qui contient le nécessaire de toilette, miroirs, étuis à peignes, pots à éponges, serviettes de toile de Hollande, et on réchauffe les lits avec des bassinoires en argent.

Le mauvais temps hivernal ne permet qu'une chasse, mais il y a bals et tournois. Le dimanche 12 décembre, enfin, Louis XII et l'archiduc Philippe signent l'accord dans la chapelle Saint-Calais. Claude deviendra, si Dieu le veut, l'épouse de Charles. L'accord est renouvelé deux ans plus tard au traité de Blois.

Cependant la Providence déjoue les calculs. En l'absence d'un dauphin, l'opinion se révolte contre l'idée que le duché de Bretagne puisse passer, par la dot de Claude, entre les mains des Habsbourg. L'unité française n'y résisterait pas. Les états généraux adjurent Louis XII de rompre le pacte et d'accorder sa fille à l'héritier de la couronne, « Monsieur François qui est tout François ». Malgré les protestations et le dépit d'Anne de Bretagne, les fiançailles autrichiennes sont rompues en 1506, Claude épousera François d'Angoulême en 1514.

Aucune reine, aucune princesse n'a aimé autant Blois que la douce Claude de France : c'est la demeure de son enfance ; pour lui complaire, son époux devenu roi y entreprend à son tour des travaux. Il faut à François Ier des bâtiments assez vastes, assez somptueux pour loger une suite de courtisans qui s'accroît sans cesse. De toute

Destin cruel que celui de la gracieuse Claude de France ! Délaissée par son volage époux, sous la coupe de Louise de Savoie, sa belle-mère, elle eut en dix ans de mariage sept grossesses successives et mourut à l'âge de vingt-cinq ans. Elle sut néanmoins sagement administrer son duché de Bretagne.

façon, le nouveau roi, âgé de vingt ans, est aussi fastueux que son prédécesseur était économe. En artiste, il goûte tout ce qui est beau ; en jeune homme grisé par sa fortune, il aime ce qui innove et ce qui brille. Blois lui doit, élevée sur l'ancien bâtiment médiéval, l'aile la plus originale et la plus travaillée du château, dont la somptuosité écrase un peu la naïve aile de Louis XII ; merveille d'invention et de délicatesse, la tour octogonale, qui abrite l'escalier à vis, s'enchâsse comme une coquille ajourée sur la façade pour en rompre la monotonie. Les travaux, conduits sous la responsabilité de Raymond Phélypeaux, sont confiés à Jacques Sourdeau, maître maçon, qui reçoit vraisemblablement les conseils de Domenico da Cortona pour la décoration. Si l'architecture reste gothique, les bandeaux horizontaux qui soulignent les étages, les pilastres sculptés de salamandres, les cannelures et les rinceaux sont, eux, d'inspiration italienne.

La façade est à peine achevée que l'on s'aperçoit que les logements sont encore insuffisants et qu'il faut les doubler d'un bâtiment supplémentaire et parallèle, cette fois ouvert sur l'extérieur et orienté vers le nord-ouest. Les architectes italiens sont mis à contribution, mais leurs plans sont manifestement interprétés par les maçons

Il faut admirer du jardin des lices ou de la terrasse l'extraordinaire jeu rythmique des lignes transversales et verticales de la façade des Loges. Ces loges, de loin, prennent l'apparence d'une galerie à la Bramante ; en fait, creusées dans un mur épais, elles ne communiquent pas entre elles. La campagne de Pavie a interrompu les travaux de décoration.

trefois dmirable façade des Loges minait le ravin, les jardins, très vite commençait la campagne, mme on le voit encore r cette gravure du XIXe siècle.

français, ce qui donne un caractère unique à cette façade des Loges. Surplombant fossés et jardins, deux étages de loges, creusées comme des niches et soutenues par de fins pilastres, encadrent les fenêtres, en donnant l'illusion d'une galerie à l'italienne. Au sommet, une balustrade à colonnes supporte un toit de tuiles et ménage une promenade d'où la vue s'étend au loin sur la ville.

Le roi, durant ses brefs séjours, habite le deuxième étage ; les galeries sur la cour intérieure servent aux réceptions et aux gardes, tandis que les appartements privés regardent vers la façade extérieure. La reine Claude et ses enfants occupent le premier étage ; la reine mère Louise habite sans doute l'aile Louis-XII, séparée de l'aile neuve par la salle des États. Claude ne jouira guère de son palais, car le 26 juillet 1524, à peine âgée de vingt-cinq ans, elle s'éteint, épuisée par sept grossesses successives.

Après François Ier, le château ne s'embellit guère sous les Valois. Catherine de Médicis lui ajoute une galerie, au rez-de-chaussée de l'aile nouvelle. Elle y occupera une partie du premier étage donnant sur les jardins et sur la ville. A-t-elle vraiment utilisé le fameux cabinet dit « de Catherine de Médicis » ? En tout cas, le merveilleux décor de lambris remonte à François Ier : les murs sont revêtus de deux cent trente panneaux de bois délicatement sculptés et presque intacts, dont quatre s'ouvrent par une pédale cachée dans une plinthe :

Au premier étage de l'aile François-Ier, le cabinet des poisons dit « de Catherine de Médicis », avec ses 230 panneaux sculptés, est resté presque intact. Quatre panneaux dissimulent des armoires qui furent secrètes ; on les manœuvre en poussant une pédale cachée dans une plinthe.

lenri de Guise a-t-il pensé u'un jour l deviendrait roi de France, uccédant à son cousin Henri III, 'ont l'union restait stérile ? ans doute. on énergie, son physique e héros de roman, es succès féminins n font l'idole des foules.

placards secrets où la reine aurait précieusement conservé poison, bijoux, papiers d'État...

Sur les lieux du crime

Château d'un poète, château de deux reines graves et dignes, Blois est aussi le château du crime.

Qu'on se représente la terrible année 1588. Les Valois vivent la plus grave crise du régime. Le roi Henri III est détesté, méprisé, il a peur de Paris qui s'agite, des mécontents qui y conspirent. Pour sauver son pouvoir, il envoie dans la capitale six mille hommes de troupe, les gardes suisses, et il fait bloquer la cité par des chaînes de fer. Le peuple se révolte et c'est la journée des Barricades : prémices d'une révolution grosse de conséquences. Effrayé, le roi quitte Paris, en promettant des réformes et en convoquant les états généraux.

En fait, le vrai détenteur de la puissance, le meneur d'hommes, c'est le duc de Guise, son cousin et compagnon d'enfance, celui qui a fondé la Ligue, destinée à défendre la religion catholique, à terrasser la Réforme et à réunir sous sa bannière tous les mécontents du royaume. Partout à Paris, on crie : « Vive Guise ! » Entre les deux cousins, la rivalité de famille est devenue une terrible rivalité d'hommes qui se disputent non pas l'amour d'une femme, mais d'un pays.

En septembre 1588, les représentants des trois ordres affluent vers Blois pour la réunion des états généraux. La session solennelle s'ouvre après trois jours de jeûne. Dans la grande salle des États, identique aujourd'hui à ce qu'elle était, on a tendu de riches tapisseries ; du velours violet frappé de fleurs de lys d'or habille les gros piliers du XIIIe siècle qui séparent la salle en deux pièces jumelles. Sous un portique, seigneurs et dames de la cour assistent en spectateurs. Les députés sont plus de cinq cents, rangés selon les préséances : 143 du clergé, 180 de la noblesse, 191 du tiers état, dont une très forte proportion de gens de la Ligue. Tous les regards convergent vers l'immense duc de Guise, habillé de satin blanc, qui avance en saluant, et se dirige vers l'escalier de bois conduisant directement de l'estrade du trône aux appartements royaux. Il revient bientôt, accompagné du roi et des princes du sang. Henri III prend place sous le dais ; à sa gauche est assise, effacée et douce, la reine Louise son épouse, et à sa droite, la reine mère Catherine de Médicis, percluse de rhumatismes et évincée du pouvoir. Guise, placé en contrebas, regarde vers le public, en tournant le dos au roi.

Dès le discours d'ouverture, Henri III engage le combat, en condamnant les ligues et les associations destinées à servir les « ambitions démesurées de quelques sujets ». L'allusion est claire ; le duc reçoit le choc sans mot dire, mais il exigera qu'on raye les mots du procès-verbal. Le climat est surchauffé, les séances houleuses ; le tiers se plaint d'être accablé d'impôts pour payer le luxe insolent de la cour. Les débats s'enlisent durant le mois de décembre, et même pourrissent dans ce petit monde clos ; tous les jours, le duc tient dans sa chambre un conseil quasi officiel où les députés le mettent au courant des dernières nouvelles, et il se vante hautement de traiter son royal cousin avec insolence. Henri III, la rage au cœur, subit ces insultes déguisées.

Une certaine peur cependant se décèle dans l'atmosphère survoltée. Les hommes des deux camps en viennent parfois aux mains. Malgré une réconciliation officielle, des rumeurs inquiétantes circulent, que Guise balaye d'un geste — il n'osera pas ! Le 18 décembre, la reine mère, toute malade qu'elle est, donne une fête somptueuse en l'honneur des fiançailles de sa petite-fille Christine de Lorraine. Au cours de la soirée, Henri III disparaît derrière une tenture

La salle des États du château de Blois a peu changé. De pur style gothique, elle mesure 30 m de long sur 18 de large ; d'élégantes colonnes à chapiteaux la divisent en deux nefs revêtues de lambris de bois.

et gagne par un escalier dérobé, dissimulé dans l'épaisseur du mur, son cabinet du deuxième étage. C'est là qu'il a ses appartements, au-dessus de ceux de sa mère : dans l'aile François-Ier, la disposition des lieux — les lieux du crime — a peu changé ; le grand escalier d'honneur conduit vers la droite à la salle des gardes et aux appartements de la reine, et vers la gauche à la salle du Conseil, qui sert aussi de salle à manger ; le cabinet vieux du roi (démoli par Gaston d'Orléans) communiquait directement avec la salle du Conseil, mais, en novembre, le roi a pris soin de murer la porte de ce côté pour l'isoler, de sorte qu'on ne peut y pénétrer qu'en passant par la chambre royale. Cette chambre commande d'ailleurs toutes les autres pièces du deuxième étage. C'est là qu'Henri reçoit souvent ses intimes ; c'est là que, le soir de la fête, il rejoint quelques fidèles qui l'attendent et le pressent d'agir.

Henri hésite encore. Publiquement, il témoigne à son cousin sa confiance : il le

La chambre d'Henri III est la chambre du crime ; la légende veut que le roi se soit tenu derrière la petite porte du fond, à côté de l'alcove qui servait d'oratoire. La pièce a été très restaurée au XIXe siècle.

La tour de l'escalier de l'aile François-Ier est de plan octogonal, dont trois pans sont compris dans la construction. L'intérieur est très richement décoré de colonnes à chapiteaux corinthiens et les salamandres ornent les panneaux au-dessus des portes donnant sur les paliers.

reçoit en audience, le rassure sur ses intentions en lui jurant amitié au terme d'une messe où il a reçu la sainte communion. Et puis il se décide : « C'est pour après-demain », annonce-t-il au chef des Quarante-Cinq, sa fameuse garde privée. Reste à mettre le piège au point. Le 22 décembre, le roi fait croire qu'il quittera le château à l'aurore pour préparer les fêtes de Noël, et il prie Guise, grand maître de France, de lui remettre les clés du château ; en le reconduisant, il ajoute : « Ne manquez pas de venir au conseil de bonne heure car nous avons beaucoup d'affaires à régler. »

Le duc de Guise est si peu inquiet qu'il passe la nuit auprès d'une belle dame et ne regagne ses appartements qu'à quatre heures du matin. Les bruits qu'il entend ne le troublent pas : sans doute amène-t-on dans la cour les carrosses destinés au voyage royal.

Lugubre aube du 23 décembre ! Il fait encore nuit et, dehors, il crachine. Vers six heures, le secrétaire vient tirer les rideaux et aide le duc à se lever. À sept heures, Guise emprunte l'escalier d'honneur, s'arrête à l'étage de la reine mère pour s'enquérir de sa santé, puis on l'introduit dans la salle du Conseil, où le rejoignent quelques hommes de la garde royale. Comme il est à jeun, il envoie son secrétaire chercher un drageoir plein de raisins de Damas, tandis qu'un valet attise le feu. C'est alors qu'Henri III le fait appeler dans son cabinet vieux.

Le piège se referme. Les Quarante-Cinq sont postés dans les escaliers, dans les loges aménagées secrètement au troisième étage, dans les couloirs. Huit gardes armés attendent dans la chambre royale, par laquelle le duc doit obligatoirement passer. À peine Guise a-t-il fait deux pas en direction du cabinet vieux que les huit hommes se ruent sur lui et enfoncent leur poignard. Il se débat, appelle à l'aide et au bout de trois minutes s'effondre en murmurant dans un râle : *Miserere Deus.* Dans la salle du Conseil, alertés par le bruit, des amis de Guise veulent se précipiter, mais les gardes ont bouclé les issues, et, par un escalier secret, ils poussent leurs prisonniers jusqu'à l'étage supérieur, où ils seront massacrés le lendemain. Pendant ce temps, le roi est retourné dans sa chambre : il con-

La reconstitution de l'assassinat du duc de Guise par François Hogenberg est un peu fantaisiste : on y voit Henri III et ses conseillers qui attendent dans le cabinet vieux tandis qu'Henri de Guise s'effondre au pied du lit royal.

temple le corps sanglant étendu par terre, et le touchant de la pointe de son épée, lâche ce mot devenu célèbre : « Mon Dieu, il est encore plus grand mort que vivant ! »

Épouvantable Noël 1588. Paris, le 24 décembre, apprend l'assassinat de son héros, et désormais c'est la guerre déclarée. Henri III a signé son arrêt de mort. Les astrologues voient dans le ciel toutes sortes de signes inquiétants. Dix jours plus tard, la reine Catherine expire et, le 1er août 1589, Henri III est assassiné par le couteau vengeur de Jacques Clément.

Une évasion rocambolesque

On conçoit que Marie de Médicis, superstitieuse, bigote, de médiocre intelligence, ait refusé, malgré son confort, de s'installer dans l'aile François-Ier, lorsqu'en 1618 son fils Louis XIII la pria de s'écarter des affaires et de demeurer à Blois... l'ombre sanglante du grand Guise planait encore dans l'appartement royal. Elle choisit donc d'occuper la partie ouest du château (qui n'existe plus aujourd'hui, remplacée par le bâtiment Mansart).

À Blois, la veuve d'Henri IV remâche avec amertume son exil. Elle mène certes un train de reine puisqu'elle a son sceau, ses officiers, ses Suisses en uniforme noir, sa cour d'Italiens toujours en train d'intriguer. On a d'ailleurs pour elle restauré le château tombé à l'abandon, remplacé les vitres détruites par l'orage, ajouté un petit pavillon de style bâtard qui contient cabinet et garde-robe. Neuf chariots lourdement chargés apportent meubles et tapisseries de son appartement du Louvre.

Une des distractions favorites de la reine est de soigner ses jardins de Blois, où elle a fait planter des orangers, construire une serre et pousser de merveilleux rosiers. Des troupes de comédiens viennent la distraire et des musiciens accompagnent ses repas. Blois est une cage dorée, mais une cage. La reine étouffe sous la surveillance constante exigée par son fils : on lui défend même de sortir dans la ville, qui est pleine de gardes chargés de contrôler ses allées et venues ; des émissaires font la liaison Blois-Paris et écrivent leurs rapports. Richelieu, qui lui tient un temps compagnie, est prié de se retirer dans son diocèse de Luçon à la suite des manœuvres de Luynes. Au bout de quelques mois, la situation de captive apparaît si intolérable à l'impatiente Marie de Médicis que, lorsque l'abbé Rucellai lui propose d'organiser son évasion pour la mettre sous la protection des Grands, elle accepte.

Rocambolesque évasion, digne d'un roman de cape et d'épée. Dans la nuit du 21 au 22 février 1619, le comte de Brienne a fait dissimuler un carrosse à la sortie du pont de Blois, sur la rive gauche opposée à celle du château. À minuit, des petits coups discrets sont frappés à la fenêtre de la chambre de la reine : c'est M. du Plessis, secrétaire du duc d'Épernon, qui annonce que tout est prêt pour la fuite, d'Épernon campant lui-même dans un village proche avec cent cinquante cavaliers. On fixe à la fenêtre des échelles de corde. La reine, qui s'est habillée le plus modestement possible, serre sur son cœur sa cassette de bijoux ; et, vers six heures du matin, elle enjambe le balcon de sa fenêtre qui donne sur la terrasse ouest et commence la descente. Qu'on imagine cette énorme matrone, empêtrée dans ses jupes, se balançant entre ciel et terre au bout d'une corde. Plus morte que vive, elle arrive sur la terrasse, bien décidée pour la dernière descente — de la terrasse au pied du château — à user d'un autre moyen de locomotion. Il y a heureusement en cet endroit, creusée dans la muraille, une coulée en pente douce due à des travaux de réfection : on ficelle Marie et sa cassette dans un vaste manteau et on fait glisser le paquet au bout d'une corde jusqu'au bas du fossé ; la cassette roule dans la descente, qu'une servante retrouvera le lendemain ; pas question de s'attarder. Il faut marcher d'un bon pas pour rejoindre le carrosse au bord de la Loire : sur les berges, dans la fraîcheur du petit matin, deux ou trois paysans levés de bonne heure regardent passer cet étrange convoi et, goguenards, persuadés qu'il s'agit d'une dame de petite vertu, ils lancent quelques mots égrillards ; la reine rit aux éclats, mais on frôle la panique un instant plus tard : le carrosse n'est pas au rendez-vous. En fait, le cocher l'a prudemment caché un peu plus loin derrière les arbres. Il n'y a plus qu'à monter et rejoindre d'Épernon au grand galop.

C'est vers cinq heures de l'après-midi que le roi apprend l'évasion, en revenant d'une chasse dans la forêt de Saint-Germain. L'émotion est considérable. Pendant ce temps, la reine mère rejoint Angoulême, où l'évêque de Luçon va négocier pour elle les conditions d'une réconciliation : Marie de Médicis réclame sa liberté de mouvements, le gouvernement de l'Anjou, les citadelles d'Angers et de Chinon, la garde des Ponts-de-Cé. Après quelques mesures d'intimidation, Louis XIII finit par accepter, en septembre 1619, de revoir sa mère ; l'entrevue a lieu à Couzières, dans le château du duc de Montbazon. L'aventure n'a rien appris à l'incorrigible reine mère, qui va s'empresser de nouer de nouvelles intrigues...

Ses dernières grandes heures, le château de Blois les vit sept ans plus tard sous un nouveau « maître de maison », jugé également indésirable par la couronne : Gaston d'Orléans. Monsieur est le frère cadet de Louis XIII et il a reçu en apanage l'Orléanais et le Blésois, dont les revenus lui permettent de mener grand train. Quand il ne conspire pas, Monsieur se sent l'âme d'un architecte et d'un ingénieur ; il crée un jardin botanique, il collectionne les horloges et les montres, et surtout il a l'ambition de reconstruire de fond en comble le château. Mansart est appelé et propose ses plans : on démolit en partie l'aile occidentale de Charles d'Orléans pour lui substituer en 1635-1638 le bâtiment que l'on connaît aujourd'hui ; coût de l'opération : un million et demi de francs or. La postérité se montrera sévère pour le pavillon Mansart et beaucoup se réjouiront que les économies imposées par Richelieu aient empêché Gaston de mener à bien son projet initial. C'est à Blois que Gaston d'Orléans, définitivement en disgrâce, va achever ses jours : jours enfin paisibles, partagés entre la chasse, l'amitié des lettrés, la culture de plantes rares (tomates et tabac) et des promenades en bateau sur la Loire. Il meurt en 1660, d'une crise d'apoplexie. □

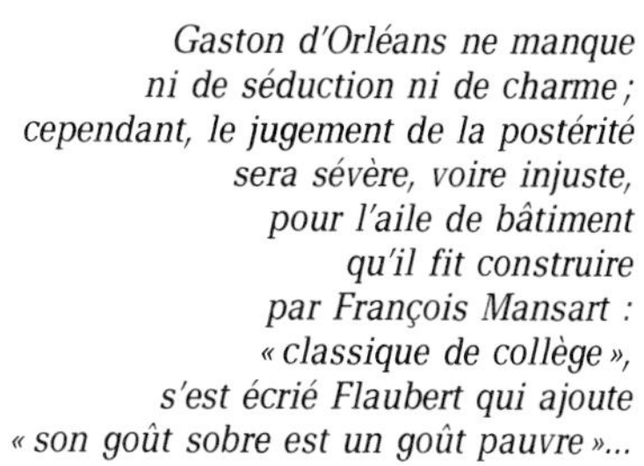

Gaston d'Orléans ne manque ni de séduction ni de charme ; cependant, le jugement de la postérité sera sévère, voire injuste, pour l'aile de bâtiment qu'il fit construire par François Mansart : « classique de collège », s'est écrié Flaubert qui ajoute « son goût sobre est un goût pauvre »...

Chambord : tel est notre

plaisir

Mirage de Chambord : sous les rangées de fenêtres ciselées comme des joyaux, il semble venir en écho du fond de la forêt des hallalis sonnés dans des trompes d'ivoire...

CAPRICE ? FOLIE ? Quel étrange fantasme a poussé François Ier à faire édifier un château aussi grand qu'une ville, au cœur d'une forêt touffue, pleine de broussailles, de ronces, de landes et de marécages ? Le Cosson n'est qu'un petit ruisseau herbeux où coassent des grenouilles ; et les vieilles tours de la forteresse de Thibaut le Tricheur se lézardent ou tombent en ruine... Rien de plus solitaire, de plus mélancolique que ces déserts boisés !

Et pourtant, c'est là, en 1519, que le roi fastueux a décidé de faire surgir la féerie du château de Chambord, dont les pignons dorés se découpent dans le ciel au bout de l'allée, entre l'or des chênes et la pourpre des hêtres ; car « tel est notre plaisir ».

On reste confondu par l'énormité de l'entreprise et par sa luxueuse inutilité : le roi n'y fera que quelques courts séjours, trois jours par-ci par-là, en 1529, en 1530 — il y passe cette année-là presque un mois avec la nouvelle reine Éléonore —, en 1534, puis en 1539 pour la grande démonstration de puissance devant Charles Quint. Le château n'est toujours pas terminé et, d'ailleurs, il sera délaissé avant l'achèvement complet des travaux. Quant à son confort, notion évidemment relative, il est sacrifié à la magnificence : 440 pièces, 83 escaliers dont 13 principaux, 365 fenêtres, des galeries ouvertes aux courants d'air, l'ensemble ne peut être ni chauffé ni meublé. Alors que les appartements de Blois ont toujours conservé des dimensions modestes, Chambord ne saurait être qu'un somptueux décor de fête.

Un miracle d'art et de technique

Le projet a naturellement exigé des moyens considérables : il faut douze ans, vingt mille ouvriers et des centaines de milliers de livres pour mener à bien ce « colossal caprice », selon le mot de Viollet-le-Duc. Un instant, le roi songe à détourner la Loire (à quatre kilomètres) pour faire passer le fleuve à Chambord. Il y renonce et décide la canalisation du Cosson, sa dérivation autour du château alimentant les douves et les bassins. Les rives sont élargies au pied du perron pour que la Cour puisse s'y promener en barque; il faut aussi assécher les marais car la rivière s'insinue dans les prés : le château repose sur pilotis, aussi ne possède-t-il ni caves ni souterrains. Puis on éventre la forêt, où sont tracées de longues perspectives; on perce des allées; et pour la première fois, on enclôt de hauts murs cette immense réserve de 5000 hectares : 32 kilomètres de murs, percés de six portes d'où rayonnent six avenues.

Les contemporains eux-mêmes ne s'y sont pas trompés : on n'a rien vu de tel nulle part. « Séjour des fées Morgane et Alcine », écrit en 1577 un ambassadeur vénitien. « Toute l'industrie humaine de son temps », aurait dit Charles Quint. Et Rabelais puise là des éléments de sa description de l'abbaye de Thélème, encore que « ledit bâtiment était cent fois plus magnifique, car en celui étaient neuf mille trois cent trente-deux chambres ». Bref, comme dit Brantôme, Chambord est un des « miracles du monde ».

Qui fit les plans? La question est controversée, mais les plus grands noms sont avancés. Peut-être le vieux Léonard de Vinci, quelques jours avant sa mort, vint-il, en voisin d'Amboise, pour examiner les lieux. Il est l'ami du roi, il a déjà travaillé à Gaillon pour le cardinal d'Amboise, il a participé aux plans du château de Romorantin. Quant à Domenico da Cortona, dit « le Boccador », il est l'auteur d'une maquette en bois qui nous a été transmise par un dessin de Félibien au XVIIe siècle. Les deux Italiens ont l'habitude de travailler ensemble, ce qui expliquerait, selon certains historiens, l'absence de plan de la main de Léonard. D'autres ont avancé le nom du Primatice. Ce qui est certain, c'est que la structure du donjon est conçue sur un plan qui ressemble à celui de Saint-Pierre de Rome : deux nefs qui se croisent à angle droit, et, dans les espaces délimités par les bras de la croix, les appartements royaux.

Les toits de Chambord ressembl[...] à une ville en miniatu[...] La lanterne haute de 32 [...] qui couronne l'escalier cent[...] émerge d'une forêt de pignon[...] lucarnes, cheminées, clocheto[...] La Cour aimait monter à la terras[...] pour y décou[...] le moutonnement de la fo[...] et suivre le départ d'une chas[...]

Les maîtres maçons nous sont connus et, eux, sont bien français : Sourdeau père et fils, Pierre Nepveu, dit « Trinqueau », Jean Gobereau; François de Pontbriand, gouverneur de Blois et de Loches, ainsi que Jean Le Breton surveillent le chantier. Ils vont réussir une alliance admirable entre le génie français et le génie italien. On l'a souvent dit, Chambord est un mélange unique de château gothique à sa base et de décor italien dans ses terrasses.

.e ciseau du sculpteur
fouillé la pierre avec virtuosité,
nventant
l'innombrables motifs floraux,
etites harpies et salamandres,
andis que
es incrustations d'ardoises
rillent au soleil.

La tour nord-ouest et la galerie la reliant au donjon furent commencées sous le règne de François Ier, mais achevées par Henri II qui compléta l'ensemble par une aile en retour et un escalier d'angle symétrique à celui de l'aile nord-est. Le dôme est resté inachevé ; des cariatides devaient figurer le roi, Diane de Poitiers et Catherine de Médicis.

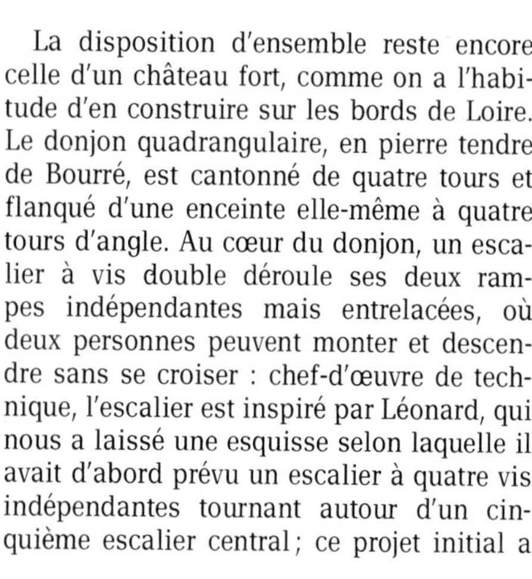

La disposition d'ensemble reste encore celle d'un château fort, comme on a l'habitude d'en construire sur les bords de Loire. Le donjon quadrangulaire, en pierre tendre de Bourré, est cantonné de quatre tours et flanqué d'une enceinte elle-même à quatre tours d'angle. Au cœur du donjon, un escalier à vis double déroule ses deux rampes indépendantes mais entrelacées, où deux personnes peuvent monter et descendre sans se croiser : chef-d'œuvre de technique, l'escalier est inspiré par Léonard, qui nous a laissé une esquisse selon laquelle il avait d'abord prévu un escalier à quatre vis indépendantes tournant autour d'un cinquième escalier central ; ce projet initial a été abandonné car on s'est aperçu que celui qui se trompait d'escalier pour se rendre dans ses appartements aurait été obligé de redescendre jusqu'au rez-de-chaussée ! L'escalier conduit aux terrasses, couronné par une lanterne centrale de 32 mètres, que surplombe une fleur de lys de 2 mètres de haut.

À ce donjon, le roi adjoint des bâtiments annexes, reliés par des galeries symétriques : ainsi se constituent son logis, à l'est — il ne sera terminé que trois ans avant sa mort —, la grande chapelle dans la tour, au nord-ouest, qui sera achevée par son fils

Henri II. Ce dernier donnera à Chambord son dernier bâtiment important, plus austère, plus classique, l'aile Henri-II, desservie par un escalier à vis identique à celui de l'aile François-Ier, avec deux étages de loggias. Après lui, on ne travaillera plus guère à Chambord.

Toute femme varie

Halte de chasse, Chambord s'éveille dans la brume par une belle matinée de décembre au son des cors et des fanfares. François Ier arrive avec sa suite de grands seigneurs, la foule des courtisans, des ambassadeurs ; d'une longue file de chariots, les valets déchargent des monceaux de victuailles, des fruits en pyramides, huîtres, poissons, volailles, fûts de vin. D'autres serviteurs dressent des tréteaux, d'autres encore déménagent des coffres et tendent sur les murs les tapisseries tissées de fils

)us la voûte en berceau
écorée de F et de salamandres,
s deux vis du double escalier
urnent en même temps
ıns jamais se réunir,
ais le noyau central
les rampes ajourées
ermettent de se voir sans se croiser.
l'origine, l'escalier qui montait
'un seul trait à la terrasse
ait isolé,
ais, par mesure de sécurité,
es planchers l'ont relié aux étages.

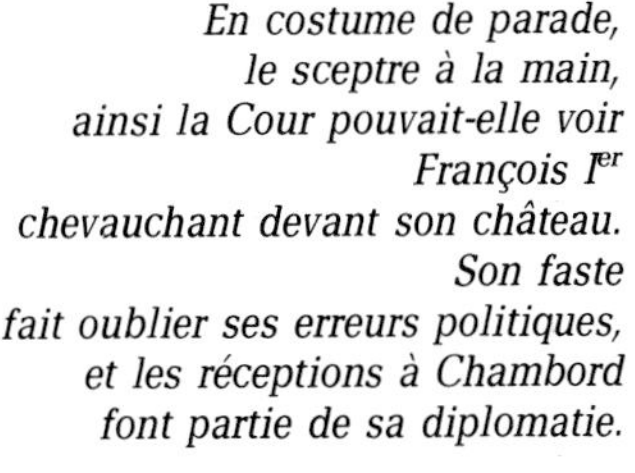

En costume de parade,
le sceptre à la main,
ainsi la Cour pouvait-elle voir
*François Ier*
chevauchant devant son château.
Son faste
fait oublier ses erreurs politiques,
et les réceptions à Chambord
font partie de sa diplomatie.

d'or ; on fait brûler des parfums et, dans les cheminées, flambent d'énormes troncs d'arbre qui éclairent de lueurs rougeâtres les plafonds à caissons.

Point n'est besoin d'une grande imagination pour évoquer dans une trouée de lumière piqueurs et cavaliers qui s'élancent entre les hêtres à la poursuite du gibier. Le vieux cerf saute par-dessus les fougères, le roi galope, escorté de sa « petite bande », en une course haletante, dangereuse, parmi les broussailles qui griffent et qui déchirent. Les chiens aboient quand ils ont repéré une piste ; au loin, le soleil inonde d'or pâle la gerbe de tourelles, lucarnes, cheminées, pinacles des toits de Chambord, autre forêt, celle-là, toute de pierre, d'ardoise et de cuivre ; mais les seigneurs, penchés sur les traces de la bête qu'ils traquent, ne voient que la bruyère foulée par les sabots des chevaux. Malgré la beauté des palais et la somptuosité des costumes, malgré le luth et les sérénades, ce sont encore des hommes aux manières brutales, ivres d'air et de guerre, qui s'épuisent jusqu'à leur récompense finale : le cerf aux abois, le sanglier éventré.

Chambord est aujourd'hui encore la plus importante réserve cynégétique de France, avec sept cents cervidés et neuf cents sangliers ; mais la chasse qu'on y pratique est surtout photographique. Des observatoires ont été aménagés pour surveiller facilement les animaux ; et, en se promenant à l'aube ou au crépuscule dans les sentiers de randonnée, on peut surprendre la biche prudente et le daim brouter les jeunes pousses, ou venir au « gaignage » chercher leur nourriture.

C'est dans l'aile est et la tour nord-est qu'on peut, un bref instant, saisir la vie quotidienne de François Ier, lorsqu'il séjourne à Chambord. Sa chambre, de proportions majestueuses, s'ouvre par une large fenêtre sur la rivière, et la vue s'étend loin ; on y accède par un escalier en pente douce, décoré de salamandres : ces salamandres qui parsèment par centaines Chambord et proclament avec insistance la grandeur de François Ier. À la chambre royale sont annexés une garde-robe, un cabinet de toilette et des latrines. Des couloirs obscurs relient l'aile au reste du palais, tandis qu'un escalier dérobé ménage un accès jusqu'aux douves du château. Faut-il voir là un itinéraire secret destiné à protéger les intrigues amoureuses du roi, quelque rendez-vous mystérieux ? Les images féminines ne manquent pas autour du galant roi-chevalier. Pour laquelle d'entre elles, la brune et majestueuse Françoise de Châteaubriant ou la toute gracieuse Anne de Pisseleu, duchesse d'Étampes, a-t-il tracé ces graffiti désabusés qu'a observés Brantôme sur la fenêtre : « Toute femme varie » ? Madame de Châteaubriand est déjà supplantée dans le cœur royal lorsque Chambord est construit, et le roi l'a congédiée en vers peu aimables :

Pour le temps qu'avec toi j'ai passé,
Je peux bien dire *requiescat in pace !*

La blonde Anne de Pisseleu a pour elle, en revanche, l'éclat de la jeunesse, des yeux comme des myosotis, et beaucoup de finesse pour servir les desseins politiques royaux. Ne la voit-on pas bavarder familièrement avec Charles Quint lorsque celuici traverse la France pour se rendre en Flandre ?

En décembre 1539, le Val de Loire et plus particulièrement Chambord, dont seul le donjon est achevé, connaissent une animation exceptionnelle et pavoisent pour recevoir Charles Quint. Quel accueil ! Quelles pompes entourent le cortège ! Il y a là ce que la Cour compte de plus brillant, de plus spirituel : la reine Éléonore, seconde épouse de François Ier, la reine de Navarre, le dauphin Henri et son épouse Catherine

On ne saurait visiter Chambord sans songer aux bandes de cavaliers chevauchant derrière le roi et jetant sur l'esplanade, aux pieds des dames, chevreuils et daims. Tout, ici, rappelle la chasse, tapisseries et trophées...

de Médicis, Jeanne d'Albret, la duchesse d'Étampes, une foule de princes et de princesses. Le connétable de Montmorency a été chargé de mettre Chambord en état, et pendant trois jours les chasses succèdent aux festins. Puis le 19 décembre, le cortège royal se dirige en pèlerinage à Notre-Dame de Cléry. On charge les tentures et les tapisseries dans les chariots, les feux s'éteignent, Chambord est rendu à ses brouillards.

François y séjournera à nouveau en 1541, 1543, 1545 : à cette date, ses appartements sont à peine achevés. Mais, déjà, il a une autre passion, Fontainebleau, à l'aménagement duquel il consacre toute son énergie.

Turquerie à Chambord : « le Bourgeois gentilhomme »

L'histoire retient de Chambord ces fêtes courtes et brillantes comme des feux d'artifice, mais, dans l'intervalle, l'abandon, le délabrement sont la réalité quotidienne. Au XVIIe siècle, l'eau s'infiltre par les terrasses en pourrissant les plafonds, les murs s'effritent; un inventaire de 1685 révèle la pauvreté du mobilier : 1 fauteuil de velours rouge, 30 chaises, des pliants, 1 lit de repos de velours rouge, 18 tabourets, 8 miroirs, 6 bassins, 4 pots de chambre, 40 chandeliers dont 18 brisés, 13 tables... C'est peu pour 440 pièces !

Et pourtant le château s'anime encore lorsque Louis XIV y passe en 1660, à son retour de Saint-Jean-de-Luz : sans doute la demeure plut-elle au jeune roi par le souvenir des fastes des Valois et par sa grandeur car, dès qu'elle est réintégrée à la Couronne à la mort de Gaston d'Orléans, il décide d'y faire les réparations urgentes de la terrasse et d'aménager les appartements royaux au premier étage du donjon, l'étage supérieur étant réservé aux hauts dignitaires.

Huit ans plus tard, Chambord s'illumine pour des fêtes splendides dont ce château a oublié le souvenir depuis un siècle : leurs majestés y séjournent avec toute la cour durant quinze jours, en septembre. « Il y eut comédie, bal et grand souper, de manière que jamais la cour ne s'est mieux divertie. » La chasse est bien sûr la distraction favorite du roi; dans l'avant-cour du château, l'équipage est aligné en tenue bleue doublée de rouge, galonnée d'or et d'argent. Le roi aime autant courir le cerf que tirer le perdreau et c'est un excellent chasseur, toujours avide de course au grand air. La matinée se passe en longues chevauchées,

La ravissante Anne de Pisseleu était fille d'honneur de Louise de Savoie. François Ier s'éprit d'elle à son retour de captivité en Espagne; en 1536, il la fit duchesse d'Étampes. On l'appelait « la plus belle des savantes et la plus savante des belles ».

Louis XIV trouvera à Chambord les mêmes plaisirs que François Ier : existence en plein air, grandes chasses, fêtes de nuit. Le château est assez vaste pour héberger des centaines de cavaliers et leur suite. C'est à Chambord aussi que Louis XIV signa en 1685 plusieurs ordonnances contre les calvinistes.

on rentre le plus souvent « dîner » à midi, mais le roi prend seul son repas. Le soir, des torches et des chandeliers éclairent les galeries du château, où l'on se divertit à quelque jeu de société. Puis on soupe en musique, avant d'assister à un bal ou d'écouter la comédie. Pendant les séjours royaux, un théâtre est installé dans la salle des gardes du troisième étage et la loge du roi est aménagée dans la cage d'escalier tendue de tapisseries.

Molière fait partie du cortège lors de ces séjours à Chambord. Il est toujours le favori du roi, mais les polémiques autour du *Tartuffe,* ainsi qu'une pleurésie, l'ont miné ; aussi ne donne-t-il plus que des pièces légères, vite écrites, mais toujours marquées du sceau du génie. *Monsieur de Pourceaugnac,* monté pour la première fois à Chambord le 6 octobre 1669, a-t-il été écrit en un mois, durant le séjour de Molière ? On ne sait ; en tout cas, le divertissement, mêlé de ballets composés par Lulli, plut fort : grandes dames et beaux seigneurs goûtèrent cette farce un peu grossière de clystères ainsi que les pitreries de Lulli qui sauta de la scène sur son clavecin en le mettant en pièces.

L'année suivante, c'est une turquerie qui eut les faveurs du public, *le Bourgeois gentilhomme :* un silence glacial accueillit la première représentation, tous les courtisans regardant du côté du roi pour voir s'il riait ; mais le roi restait de marbre, pensif ou peut-être déconcerté ; il réclama pourtant une deuxième représentation et la pièce fut jouée trois fois en huit jours, remportant un triomphe.

La maladie du dauphin avança le départ de Chambord, que le roi et la cour quittèrent le 22 octobre. Louis XIV attendra douze ans pour s'y rendre à nouveau : la guerre, les travaux de Versailles le retiennent ailleurs. Mais il n'oublie pas Chambord et, en 1682, on l'y revoit, très satisfait des aménagements du château. En effet, Mansart a rehaussé l'enceinte du donjon pour y construire de petits logements, les fameuses « mansardes », destinés à héberger des serviteurs et officiers. Bien qu'utile, l'initiative n'embellissait guère le château et les loges furent démolies ultérieurement. On fit encore beaucoup de projets, mais l'état des finances n'en permit pas la réalisation. D'ailleurs, une fistule qui s'aggravait obligea le roi à renoncer à ses grandes parties de chasse.

Pendant les vingt premières années du XVIIIe siècle, Chambord resta désert. En 1725, Louis XV offre le château à ses beaux-parents, Stanislas Leszczyński et son épouse Catherine, détrônés de Pologne et exilés. Maigre compensation sans doute pour un couple royal que cette petite cour de province. Et pourtant Stanislas Leszczyński déploie beaucoup d'efforts pour aménager le château et le parc. Il donne des fêtes, un bal pour mardi gras. Est-ce l'agitation de la danse ? Les jours qui suivent la réception, plusieurs convives se sentent mal, la tête lourde, atteints de fièvre étrange : avec le début du printemps, le vent apporte des marécages voisins et des douves de désagréables exhalaisons qui, au cours des mois chauds, vont devenir de pestilentielles odeurs. Stanislas lui-même souffre de rhumatismes, plus de cinquante domestiques sont malades. Les Leszczyński doivent quitter ces terres malsaines. L'évêque de Blois leur offre l'hôtel épiscopal puis ils trouvent un refuge au château de Menars. Ils rentrent seulement à l'automne à Chambord. Stanislas Leszczyński cherche d'ailleurs à assainir les lieux en faisant combler les fossés d'où viennent les odeurs putrides, mais, tous les étés, les souverains polonais déménagent avec armes et bagages sur l'autre rive de la Loire.

La vie est un songe

Bien qu'il ne soit point roi, Maurice de Saxe, le nouveau maître de Chambord se comporte comme tel. Et, bien qu'ils en aient beaucoup vu, les Blésois n'en reviennent pas ! Dans l'avant-cour du château, un millier de soldats, de toutes les couleurs, d'Europe, d'Asie, d'Afrique, Turcs, uhlans, dragons font la parade au son d'une fanfare jouée par des timbaliers martiniquais et sénégalais : ce sont les « Saxe volontaires », le régiment personnel du Maréchal de Saxe qui accompagne en 1748 le vainqueur de Fontenoy à sa nouvelle résidence. Les Blésois s'habitueront à ce spectacle, ils s'y habitueront même si bien que la population va compter dans les années qui suivent quelques bébés de plus, au teint doré et aux yeux bridés.

C'est en récompense de ses hauts faits militaires que le Maréchal de Saxe reçoit ce privilège exceptionnel de garder son régiment. Louis XV a également fait magnifiquement restaurer et meubler Chambord, et il alloue 40 000 livres de pension au nou-

Le Maréchal de Saxe, peint par La Tour, est un amoureux de légendes. Il va vivre à Chambord sur un train princier, en recevant ses belles amies, la fameuse Mme Favart, Mlle de Sens, Mlle de Verrières, la princesse de Conti... Il leur fait donner chasse, bal et comédie.

veau maître des lieux, ce qui, avec les revenus du domaine, lui permet de mener grand train.

Rien n'est trop beau pour le fils naturel d'Auguste II passé à la France, cette sorte d'Hercule aussi doué pour la galanterie que pour les armes. Son service de bouche comprend trente-cinq officiers et, comme un souverain, il dîne seul, en grand couvert, devant sa cour ou les curieux ; après dîner, on dresse des tables où prennent place les invités. Le Maréchal a fait aménager une magnifique salle de spectacle de 1 800 places, dont la décoration a coûté 600 000 livres ; sa loge s'ouvre face au milieu de la scène, beaucoup plus somptueuse que n'était celle de Louis XIV. La chasse, les exercices de cavalerie font partie de l'emploi du temps quotidien : tous les jours la trompe retentit, qui sonne les manœuvres sous le drapeau du Maréchal. Les écuries comptent quatre cents chevaux, près de deux cents juments, et des haras sont organisés au milieu de la forêt pour les chevaux sauvages. Un train de vie princier.

Sont-ce les femmes qui ont perdu le beau Maréchal ? En novembre 1750, il souffre d'une fluxion de poitrine, dont sont responsables les brouillards humides de la forêt. Le médecin, Sénac, est demandé d'urgence ; il pratique des saignées, mais le mal s'aggrave et, le 2 décembre, Maurice de Saxe s'éteint en prononçant ces mots qui conviennent si bien à Chambord : « La vie n'est qu'un songe... Le mien a été beau mais il a été court. » Six coups de canon, tirés à un quart d'heure d'intervalle, annoncent la triste nouvelle. Le marquis d'Argenson note dans son journal : « On a appris hier la mort du Maréchal de Saxe. Depuis les grandes saignées qu'on lui a faites pour sa fluxion de poitrine, il a enflé et il est mort tout à coup lundi soir. »

Une banale congestion pulmonaire. Pourquoi faut-il que Grimm en séjour au château de Chambord donne une autre version des faits ? Voici ce qu'il raconte : le Maréchal, effectivement souffrant, reçoit un soir un courrier ; aussitôt il se lève et part accompagné de son aide de camp par un escalier dérobé. Dans un coin du parc, deux étrangers l'attendent devant une chaise de poste. On se salue brièvement ; Saxe tire son épée ainsi que l'un des étrangers ; l'autre étranger et l'aide de camp servent de témoins. Quelques instants plus tard, de retour devant le château, le Maréchal croise son neveu ; d'une pâleur mortelle, blessé, il balbutie quelques mots : « Le prince de Conti est-il encore ici ? Assurez-le que je ne lui en veux nullement ; je demande le plus grand secret de ce qui s'est passé. » On ramène le malade dans sa chambre où trois jours plus tard il s'éteint. Le récit de Grimm est-il conforme aux faits ? Le trop séduisant Maréchal de Saxe a-t-il été victime d'un mari jaloux ? Sa liaison avec la princesse de Conti était connue. La version du médecin ne contredit pas forcément celle de Grimm : blessé au cours d'un duel dans la forêt de Chambord, le Maréchal de Saxe, usé par une vie libertine, vulnérable, a été emporté par une congestion pulmonaire.

Le Maréchal est un des derniers hôtes illustres de Chambord. Le château est aux mains des Polignac lorsque la Révolution éclate. Symbole d'une royauté exécrée, son mobilier est saccagé en 1793, on arrache les parquets, les chambranles des cheminées, les quelques meubles qui subsistent. Une commission du Directoire propose même de marteler toutes les fleurs de lys du château pour les faire disparaître ! Par bonheur, le coût de l'opération fait renoncer à la décision, mais comme par ailleurs il faudrait une somme considérable pour réparer les dégâts, on laisse les choses dans l'abandon. Le maréchal Berthier, qui en a la disposition, n'y séjourne pas et les bâtiments sont tout juste bons pour servir de garage aux carrosses de l'Empire.

En 1821, une souscription attribue cette énorme demeure croulante au duc de Bordeaux, qui consacre ses ressources à réparer les ruines. Le château est encore une fois le cadre des espérances royales : on offre la royauté au duc de Bordeaux devenu comte de Chambord ; les calèches attendent dans la cour, pendant l'automne 1873,

prêtes à emporter le nouveau roi, Henri V, vers son destin. Mais, pour une couleur de drapeau, la France restera républicaine : Henri V refuse d'abandonner le drapeau blanc d'Henri IV.

Pauvre Chambord ! On l'a donné à tout le monde, à Stanislas Leszczyński, au Maréchal de Saxe, aux Polignac, à Berthier, au duc de Bordeaux, comme si personne n'en voulait. « Il semble n'avoir jamais servi, conclut Flaubert : c'est comme une hôtellerie abandonnée... » L'État, pourtant, en voudra bien, puisqu'il rachète le château en 1930 et entreprend de le restaurer. □

Éclatant de blancheur, féerique, Chambord a inspiré les poètes romantiques. Chateaubriand l'a comparé à une « femme dont le vent aurait soufflé en l'air la chevelure », et Vigny à un « château magique » dérobé par un génie de l'Orient.

Écrin vert pour joyau de pierre. Le plan du château se dessine nettement vu d'avion. Le sinueux Cosson est devenu un canal rectiligne, mais les douves ont été comblées par Leszczyński. Les deux tours d'angle de l'aile sud sont restées basses pour dégager la vue.

des serviteurs bien servis

Le pouvoir et la proximité du pouvoir enrichissent, c'est un lieu commun de tous les temps. Le testament de Florimond Robertet, ami et serviteur de François Ier, en dit long : sur des dizaines de pages sont énumérés les bijoux, les meubles, les tapisseries qu'il a amassés au château de Bury pendant ses fonctions et qu'il lègue à son épouse. Aussi les grands commis de l'État, de toutes les époques, ont-ils cherché à s'implanter dans le proche voisinage des résidences royales.

En trois ou quatre décennies, le Val de Loire se couvre de châteaux : les Robertet, les Briçonnet, les Bohier, les Berthelot, les Semblançay, et combien d'autres, grisés par leur réussite, se font édifier de superbes demeures, à moins de deux heures de galop des palais des Valois. Si Robertet a été assez sage pour méditer sa devise (« Souviens-toi de la commune fortune »), d'autres, pour l'avoir oubliée, ont été moins chanceux. C'est ainsi que Jacques de Beaune, baron de Semblançay, a fini ses jours au gibet de Montfaucon avec un lacet autour du cou. Il s'en est fallu de peu que son cousin, Gilles Berthelot, châtelain d'Azay-le-Rideau, connaisse le même sort.

Ceux qui ont évité ces embûches nous invitent à pénétrer dans leur demeure. Jean Le Breton est président de la Chambre des comptes de Blois : un notable du pays promu secrétaire du roi. François Ier le charge de surveiller la construction de Chambord et le nomme responsable des finances. Comme les travaux de Chambord

A Villesavin, le style Renaissance annonce déjà le classicisme par l'harmonie des proportions. Mais les gracieuses sculptures des lucarnes et l'escalier à vis rappellent l'influence de Chambord. Les toitures, en plomb, furent couvertes d'ardoises par Napoléon.

ítang est l'âme de la Sologne. ıe brume légère ıtte au-dessus de l'eau · se reflètent les taillis : ysage immobile, mystérieux, 'anime, un instant, le vol ıne bécasse ou d'un perdreau rtis des bois humides.

durent des années, Le Breton, qui possède déjà le beau château de Villandry, se fait construire tout près du chantier une demeure plus modeste, où l'on reconnaît d'ailleurs par endroits l'influence de son grandiose voisin. Typique de l'école de Loire, l'œuvre est exécutée à partir de 1537 par les ouvriers florentins et français des châteaux royaux.

Longue et basse, intime, solidement plantée dans la terre solognote, la demeure de Villesavin a pour parure les prés verts, les bouquets de bouleaux et de pins, les bruyères et les étangs de Sologne. On y respire l'atmosphère poétique et un peu mystérieuse du château du *Grand Meaulnes.* Une vasque de marbre de Carrare égaye la cour intérieure. En février 1541, après quelques jours passés à Chambord, François Ier demande le gîte à son secrétaire, qui le reçoit à Villesavin : le roi aime beaucoup s'arrêter chez ses familiers dont les demeures accueillantes le reposent de ses monumentaux palais ; il séjournera aussi dans la maison forte d'Herbault, puis chez son fidèle Babou à la Bourdaisière : il octroiera même 1 800 livres à Babou, afin que celui-ci puisse ajouter un second pavillon carré pour l'y loger. Il est vrai que la jolie Marie Babou n'est pas étrangère à son choix !

Sous son haut toit éclairé de lucarnes à fronton, Villesavin est une demeure pleine de charme. Dans un angle à gauche, s'élève le colombier à pied quadrillé de 1 500 petites cases à pigeons, qu'on appelle « boulins ». C'est un privilège nobiliaire que de

Vertigineuse charpente, domaine des pigeons ! Le pigeonnier est un privilège nobiliaire, et on en trouve encore quelques-uns de très bien conservés, comme celui-ci, à Poncé, ou celui de Villesavin.

posséder un colombier, et on mesure la richesse d'un propriétaire au nombre de boulins : comme leur nombre est strictement proportionné à la superficie du domaine, on peut estimer que les maîtres de Villesavin possédaient environ 950 hectares, ce qui est fréquent à cette époque. L'élevage des pigeons rapporte de confortables revenus, grâce à la « colombine », en un temps où l'on ignore les engrais chimiques ; rôti, farci, en pâté, le pigeon fournit de plus un excellent plat, qu'on savait à coup sûr très bien préparer à Villesavin, si l'on en juge par les cuisines, où l'on voit encore un ingénieux système hollandais actionnant le tourne-broche.

À Beauregard, à six kilomètres de Blois, nous entrons chez une puissante famille de parlementaires : elle doit son ascension et sa fortune à Jean du Thier, secrétaire d'État de Henri II, un homme plein de culture et

Sur un coteau de la vallée du Beuvron,
à l'orée de la Sologne,
Beauregard
fut d'abord un rendez-vous de chasse.
Les aménagements
des différents propriétaires
en firent cette construction
imposante, presque classique,
qui semble s'animer
sous les feux du soleil.

La Grande Mademoiselle, de passage à Beauregard, voulut, dit-on, figurer dans cette galerie de portraits, mais Louis XIV refusa ! Jean Mosnier, de Blois, a peint les lambris sous les portraits ; des carreaux de Delft, qui représentent une armée de Louis XIV, complètent ce magnifique décor.

de goût, aux dires de Ronsard qui loua son raffinement. Jean du Thier fit de cet ancien rendez-vous de chasse une belle demeure de plaisance, à double galerie décorée de pilastres ; la décoration intérieure est aussi délicate que celle de la façade : un menuisier de Fontainebleau — c'est dire la notabilité du châtelain — a conçu les remarquables boiseries de chêne du cabinet des Grelots : sous des plafonds à caissons aux armes de la famille, des panneaux de lambris ornés de cuir et encadrés d'or sont garnis de grelots. La chapelle, détruite, hélas ! au XIXe siècle était couverte de fresques. En 1617, le conseiller d'État Ardier entreprend de nouveaux aménagements ; il fait élever l'actuelle façade qui regarde le Beuvron et il commande la décoration du premier étage à un artiste, qui exécute, selon la mode du temps, une remarquable galerie de portraits historiques, où 365 célébrités se succèdent sur trois rangées, de Philippe de Valois à Louis XIV.

À quelques kilomètres de Beauregard, à l'écart des circuits touristiques, s'élève le petit château du Moulin. Comment n'en pas tomber tout de suite amoureux ? Il a eu son heure de gloire il y a bien longtemps, à la fin du XVe siècle, lorsque son propriétaire, Philippe du Moulin sauva le roi Charles VIII à la bataille de Fornoue ; Philippe du Moulin rendit également beaucoup de services à Louis XII, et on lui permit en 1490 de fortifier sa demeure. Un maçon de la Cour, Jacques de Persigny, fit les plans, utilisant toutes les trouvailles de l'architecture de son temps : entouré de douves et d'une courtine en terrasse, flanqué de tours d'angle, le château présente deux ailes en équerre décorées de briques losangées alternant avec des cordons de tuffeau. Devant cet ensemble exquis, bâti à l'échelle humaine, qui songerait à la guerre ? Courtines, meurtrières, créneaux, mâchicoulis ne sont là que pour l'ornement et les murs ont moins de 1 mètre d'épaisseur. Des étangs alimentaient les douves, constituant un réservoir d'eau pour le moulin ; ils ont été asséchés sous Louis XIII.

Amours de poètes

René des Roches est loin d'être un personnage aussi important, aussi officiel que

Bâti sur une terrasse ceinturée d'un mur de brique, le petit château du Moulin de Lassay, composé de deux ailes séparées, semble jaillir de l'eau ; le corps de logis s'élève sur quatre étages, tandis que le châtelet de l'entrée, avec tour d'angle et pont-levis, plonge directement dans les douves.

*À Talcy,
flottent les ombres de Cassandre
et de Ronsard.
La galerie du château fut influencée
par celle de Charles d'Orléans
à Blois.
Le puits coiffé d'un dôme
apporte à la cour intérieure
une note gracieuse.*

les précédents châtelains. Ce petit gentilhomme blésois a dû s'adresser aux maçons de son coin pour édifier le château de la Morinière, où l'on reconnaît plusieurs emprunts — non sans une certaine gaucherie dans l'imitation et l'exécution — faits à Villesavin, au château du Moulin, et même à Chambord ; c'est la mode alors, faute de pouvoir s'offrir un beau château tout neuf, d'adjoindre une décoration « Renaissance », frise, pignon ou lucarneau, à sa vieille demeure. Au bout d'une longue allée ombragée par la voûte des arbres, surgit un quadrilatère dissymétrique entouré de douves. Le château est bâti sur deux côtés ; l'aile basse remonte au XVe siècle et s'articule sur un pavillon d'angle qui fait pendant à un pavillon isolé. Au fond de la cour, le logis ne comporte qu'un étage, coiffé d'un toit d'ardoises enjolivé par un décor de pignons et lucarnes en pierre. Le lanternon de l'escalier s'inspire, un peu maladroitement, de celui de Chambord, et le jeu alterné des briques et des pierres en tuffeau rappelle Herbault ou le Moulin. Les travaux sont terminés en 1548 : la date apparaît sur une serrure qui a été montée sur la porte du logis.

En 1548, Pierre de Ronsard a vingt-quatre ans ; il est le neveu par alliance de René des Roches ; il est donc un peu chez lui à La Morinière, et sans doute a-t-il goûté le charme intime de cette gentilhommière, avec ses communs de briques roses couverts de tuiles moussues. Peut-être même est-il venu pour s'y faire consoler de son amour malheureux pour Cassandre Salviati, la belle hôtesse de Talcy ?

Le château de Talcy s'élève dans une plaine assez austère, à quelques kilomètres de là : un château rude, avec son haut donjon carré et sa façade belliqueuse. La rudesse est tout apparente, car les murs protègent une exquise cour intérieure gris et rose, un vieux puits, un potager et un jardin tout à fait propice aux confidences et aux soupirs des amoureux.

Le maître de céans, Bernard Salviati, est un riche marchand florentin qui habite Blois. En 1520, il reçoit la permission royale de fortifier Talcy de « murs, tours, créneaux, barbacanes, canonnières, mâchicoulis, pont-levis, et autres choses défensables servant à maison forte ». Cet arsenal militaire peut sembler un peu ridicule s'il ne traduisait le désir du marchand d'oublier sa roture ; l'édit royal confirme d'ailleurs que le propriétaire des lieux ne peut se dire en quoi que ce soit « seigneur châtelain, ni avoir droit de garde » !

Bernard Salviati a quatre enfants, dont une fille, Cassandre, d'une grande beauté. Le 21 avril 1545, le banquier donne une grande fête — à Blois ou à Talcy ? — que le roi honore de sa présence. Cassandre chante en s'accompagnant de sa guitare, et le jeune clerc Pierre de Ronsard est ébloui, au point d'en perdre la raison : « je la vis, j'en fus fou », avouera-t-il un peu plus tard ; et, pour elle, il écrit les 183 sonnets des *Amours :*

Dedans un pré je vis une naïade
Qui comme une fleur
Marchait dessus les fleurs
Et mignottait un bouquet de couleurs,
Échevelée en simple vertugade.
Dès ce jour-là ma raison fut malade.

Hélas ! Cassandre fit la cruelle et les rencontres à Talcy sur la margelle du vieux puits ou dans l'ombre fraîche des arcades de la galerie tournèrent court : la jeune fille épousa un peu plus tard un certain Jean de Peigné, seigneur de Pray, et Ronsard trouva d'autres muses.

Agrippa d'Aubigné a-t-il cru qu'il serait plus heureux que Ronsard quand il fit la rencontre de la nièce de Cassandre, la belle Diane Salviati ? À dire vrai, tout séparait les jeunes gens : Agrippa était un protestant convaincu, marqué par la mort de son père et les massacres d'Amboise. Diane était catholique. Et pourtant ils s'aimaient ; après la Saint-Barthélemy, le poète se cacha à Talcy ; mais, lorsqu'on parla mariage, on fit comprendre au jeune homme qu'il devait renoncer à ses espérances. Il fut épouvantablement meurtri, et des poèmes violents, longtemps restés secrets, crient sa douleur :

Diane, ta coutume est de tout déchirer,
Enflammer, desbriser, ruiner,
Mettre en pièces. (...)
Diane, repens-toi, pense que tu as tort
Donner la mort à ceux qui te font immortelle.

Il voulut en mourir et ne dut la vie sauve qu'à l'intervention d'Ambroise Paré, qui le trépana sur une table du château après l'avoir anesthésié, dit-on, avec du cognac.

Chasse à courre à Cheverny

À Cheverny, nous pénétrons aussi dans le domaine d'un grand serviteur de l'État. Les Hurault sont de père en fils, de Louis XII à Henri IV, secrétaires, ministres, chanceliers. Cheverny n'est longtemps qu'une grosse forteresse, dont il ne reste rien aujourd'hui, hormis les trois pavillons dans la cour des communs. Le bâtiment de très pur style classique que l'on voit actuellement a été construit par Henri Hurault et date de 1634. Il s'est édifié à la suite d'une assez tragique histoire que raconte, au XVIIIe siècle, un des propriétaires du château, Durfort de Cheverny.

Henri Hurault fait partie de la suite de Henri IV. C'est un homme violent, hargneux, jaloux, qui cloître — peut-être avec raison — son épouse dans son château blésois. Un jour Henri IV, pour s'en moquer, et croyant que l'autre ne le voit pas, plante ses deux doigts en cornes sur sa tête; les courtisans rient, mais Hurault a vu le geste dans la glace. Sans un mot, il quitte la pièce, saute à cheval, galope d'un trait jusqu'à Cheverny, où il arrive à cinq heures; il se fait ouvrir les portes et surprend dans la chambre de l'épouse un page qui s'enfuit par la fenêtre en se cassant une jambe. Hurault l'achève, et il envoie chercher le curé. Tenant dans une main un pistolet et dans l'autre un gobelet, il pénètre chez sa femme terrifiée. Une heure plus tard, l'épouse expire, elle a choisi le poison. « Tout ceci fut l'affaire d'une matinée », écrit notre conteur, car à la fin de la journée, Hurault se trouvait à son poste près du roi. Mais Henri IV n'apprécia guère cette justice expéditive et condamna à l'exil son serviteur.

Hurault eut davantage à se réjouir de sa seconde épouse. Intelligente, économe, la jeune femme s'employa à aménager Cheverny, à la mode de l'époque, en utilisant les plus habiles ouvriers de son temps, l'architecte Boyer, le peintre Jean Mosnier. Elle dirigea elle-même les travaux. Le vieux plan des châteaux du Val de Loire se devine encore sous la façade classique, mais les tours d'angle qui se développent symétriquement de chaque côté de la cage d'escalier sont devenues d'importants pavillons carrés.

Domaine des halliers giboyeux, Cheverny se réveille dans la brume. L'équipage comprend un piqueux, deux valets de chiens, vingt boutons (ou cavaliers) qui disposent de près de quatre-vingts chiens franco-anglais ; ses couleurs sont le rouge amarante et le bleu roi.

Cheverny, avec Brissac, Luynes, Sully et quelques autres, compte parmi les rares exemples de châteaux demeurés durant des siècles dans une même famille ; il n'y eut qu'un bref intermède d'une cinquantaine d'années à la fin du XVIIIe siècle, où le château passa entre les mains d'une famille de robe, les Durfort de Cheverny, que les dépenses excessives à la cour de Versailles contraignaient à s'installer en province ; puis Cheverny retourna aux Hurault, qui s'employèrent durant le XIXe siècle à gérer au mieux le domaine.

Les problèmes que pose aujourd'hui la mise en valeur d'un domaine de cette ampleur ne ressemblent guère à ceux de l'Ancien Régime ; il y faut certes autant de soin et de goût, mais aussi combien d'efforts financiers et de connaissances économiques ! Dès 1840, le marquis de Vibraye, descendant de la branche aînée des Hurault, expérimente sur sa terre le reboisement de la Sologne et anticipe sur les grands plans d'aménagement de Napoléon III. Aujourd'hui, les ressources de Cheverny proviennent essentiellement de l'exploitation agricole, du tourisme et de la chasse. Modernisme et tradition, les équipages de Cheverny continuent, dans un anachronisme plein de charme, de rendre le culte au dieu de la chasse à courre.

Lorsque l'automne teinte de roux les fougères, retentit un grand bruit de trompe, de cuivres, de jappements de chien. Une farandole de cavaliers vêtus de drap rouge et coiffés de toques de velours de la même couleur chevauche dans la forêt de chênes. À la taille de l'un d'eux pend un long couteau serré dans une gaine. Les dames sont également en rouge. À la voix des chiens — il y en a soixante-dix —, on s'élance sur la trace d'un cerf débusqué ; on galope parfois plusieurs heures, jusqu'à l'épuisement de la bête : ses ruses sont innombrables pour faire perdre sa trace, il lui suffit de passer une route goudronnée, un remblai de chemin de fer, une rivière ! Enfin, haletante, blessée, elle s'immobilise ; elle est servie au poignard et ses entrailles sont distribuées aux chiens tandis que le maître d'équipage fait sonner les cuivres de la victoire.

À voir ce cimetière de la chasse qu'est le musée de la vénerie de Cheverny, avec ses deux mille trophées, on jugera peut-être ces rites cruels, parade sanglante d'une époque périmée. Et pourtant on ne chasse pas seulement pour le plaisir ou la beauté ! Il faut réguler un cheptel en surnombre et la bête choisie sera de préférence quelque vieux mâle ou un sujet mal conformé. D'ailleurs, les équipages sont loin de capturer un animal à chaque sortie : le cerf a une chance sur trois de s'échapper, et le chevreuil trois sur quatre ; le nombre de sorties est calculé en corrélation avec l'importance numérique du gibier. Et, si les cœurs sensibles parlent de cruauté, combien plus meurtrières sont les grandes battues lors des chasses au fusil !

La marquise de Pompadour embellit Menars

Qu'est venue chercher Mme de Pompadour à Menars ? Les consolations d'une nature admirable ? Une retraite sous les charmilles, la douceur de la Loire et de son climat ? En 1762, elle n'est plus tout à fait la triomphale favorite : à quarante ans, le terrible surmenage de la Cour, les voyages, les attaques venimeuses de ses ennemis ont eu raison de sa santé, de sa beauté. Et, surtout, principale cause de sa mélancolie, le roi ne la voit plus que rarement, retenu par les affaires de l'État ou peut-être par quelque brune beauté rencontrée dans la forêt de Marly...

La Pompadour souffre du cœur Malgré les conseils de son médecin, elle s'obstine à mener une vie trépidante pour plaire au Bien-Aimé, en participant aux cérémonies et aux voyages. Et toujours ce goût pour la construction, ou la restauration des demeures royales ! Voilà deux ans, en 1760, qu'elle a échangé au roi Menars contre un hôtel

Peinte par Boucher, la Pompadour rayonne de toute sa beauté triomphante. Quand elle se retire à Menars, elle ne règne plus du tout sur le cœur du Bien-Aimé.

Double page précédente :
les appartements de Cheverny ont reçu une décoration admirable et magnifiquement conservée : « Rien n'est plus galant, plus commode, plus superbe que l'intérieur », écrivait déjà la Grande Mademoiselle. Les plafonds et lambris de la « chambre du roi » ont été peints par Mosnier, et le lit est couvert d'une soierie de Perse.

Le petit temple en rotonde, à l'ouest du château de Menars, est dû à Soufflot, qui ajouta également à la façade un avant-corps composé d'un rez-de-chaussée couvert d'une terrasse et transforma les toits à l'italienne en toits à la française. Le petit temple est le seul bâtiment qui subsiste des « fabriques » tant goûtées à cette époque.

qu'elle avait à Passy : du bâtiment rectiligne un peu sévère construit par Guillaume Charron en 1637, Gabriel va faire pour elle un château plein de grâce, avec deux ailes, quatre pavillons, un parc aménagé dédié à l'amour. Tous les trois mois, son carrosse l'y conduit avec une suite bruyante; elle donne des fêtes et dépense des sommes énormes qui vident le Trésor en alimentant l'hostilité de ses ennemis.

Des ennemis, elle en a. On a beaucoup reproché sa prodigalité, ses folles dépenses à cette petite bourgeoise parisienne née Antoinette Poisson et élevée au marquisat de Pompadour par les faveurs de Louis XV. Sur les bords de la Loire, cette royale et

L'art de vivre au siècle des Lumières : les jardins de Menars, qui s'étagent en pente douce vers la Loire, ont été aménagés par Mme de Pompadour, puis par son frère Marigny, d'après des plans de Le Nôtre ou de Jean-François Neufforge. La collection de vases et de statues qu'avait rassemblée Marigny pour orner le parc a été dispersée à sa mort.

dépensière favorite est bien dans la tradition des Valois ! Elle est haïe, moquée : « Cotillon IV », ironise Frédéric II en parlant d'elle. Et les gens du pays ne se privent pas de faire des chansons, lorsqu'elle traverse la Loire sur le nouveau pont d'Orléans, construit par Hugot et jugé peu solide :

Censeurs, Hugot est bien vengé.
Son pont hardi a supporté
Le plus lourd fardeau de France.

Mais la beauté, l'art plaident en faveur de la Pompadour. Elle fait bénéficier les artistes des largesses royales ; elle obtient pour son frère, le marquis de Marigny, la direction des Bâtiments. C'est d'ailleurs Marigny qui hérite de Menars et lui apporte les embellissements que l'on voit aujourd'hui encore : les jardins en étages sur la Loire, l'allée de tilleuls, la grotte qui sert de décor au bassin rectangulaire. Soufflot a remplacé Gabriel. Pour qu'on circule aisément d'un pavillon à l'autre, on a construit une galerie couverte, la galerie Marigny, ainsi d'ailleurs qu'un couloir souterrain qui permet d'apporter les plats sur une table roulante munie d'un fourneau. Marigny a du goût : « Je ne veux point de la chicorée moderne ! » s'exclame-t-il. Du goût mais pas toujours du tact : on lui a reproché d'avoir utilisé des poutres et des sculptures de châteaux royaux délaissés comme Blois et Amboise pour embellir son Menars... □

de Blois à Tours

e jardin de la France

LA TOURAINE est un rendez-vous de rivières et de ruisseaux, Indre, Vienne, Creuse, Cisse, Brenne et Bresme, Choisille, etc. Ils convergent des monts d'Auvergne ou des plateaux du nord pour déposer leurs riches alluvions et nourrir les fameuses « varennes » de Touraine, propices aux cultures maraîchères. « Honte à qui n'admirerait pas ma joyeuse, ma belle, ma brave Touraine dont les sept vallées ruissellent d'eau et de vin ! » s'est exclamé Balzac. Encore ne faut-il pas oublier qu'à quelques kilomètres de ces vallées de lait et de miel, Gâtine, Champeigne et le plateau de Sainte-Maure sont terres ingrates et rudes à labourer.

De Blois à Tours, des coteaux bordent la Loire, ici doucement inclinés pour offrir au soleil leurs pentes chargées des grappes mûres du raisin de Vouvray, là véritables falaises de tuffeau blanc, trouées d'habitations troglodytes. Entre les lignes de peupliers, le fleuve s'abandonne avec grâce et baigne d'innombrables îles — qui les a jamais comptées ? — piquées d'arbustes et de touffes de feuillage. Villes et villages ont poussé naturellement dans l'air tiède, dont les toits dégringolent à mi-pente, à l'abri des châteaux.

Chaumont : un troc royal

Les grosses tours à poivrières de Chaumont servent de frontière entre Touraine et Blésois. La masse puissante du château campé sur son rocher intimide au premier coup d'œil. Mais il faut passer sur cette première impression car la Renaissance déjà a adouci les mœurs et arrondi les angles ! À l'époque où Charles d'Amboise fait reconstruire sa forteresse, vers 1475, on croit à une paix durable et on se préoccupe davantage de décoration. Les murs perdent de leur épaisseur, les créneaux sont enjolivés et des moulures, rinceaux et rosaces ornent la porte d'entrée de l'escalier à vis. Si la tour occidentale et l'aile attenante évoquent encore la guerre et les sièges, l'aile sud-est, symétrique et plus tardive (vers 1515), percée de grandes croisées, est subordonnée au plaisir de vivre.

Quiétude, douceur, nonchalance,
ici commence le jardin de la France.
De Chaumont,
bâti comme les châteaux féodaux
au sommet d'un coteau escarpé,
la vue s'étend loin sur la varenne,
où flâne la Loire
ourlée d'une bordure de peupliers
et de touffes d'osier.

Pourtant, les hôtes de Chaumont n'ont pas mis grand empressement à s'y installer. Catherine de Médicis, qui achète en 1550 la forteresse à la famille d'Amboise pour 120000 livres, n'y fait point sculpter son chiffre, comme ses prédécesseurs; Chaumont est surtout à ses yeux un domaine de rapport, et même d'excellent rapport, 5000 livres par an. La reine s'y rend peu, bien qu'on visite aujourd'hui sa chambre meublée d'un beau lit à rideau et ornée de précieuses tapisseries gothiques. Ou peut-être y fait-elle quelque mystérieux séjour en compagnie de cet Italien subtil, Cosimo Ruggieri, capable de lire l'avenir dans un miroir magique. Ruggieri a-t-il vraiment fait apparaître sur les terrasses de Chaumont, dans la lumière voilée du clair de lune, les figures de son mari Henri II, et de ses fils François, Charles et Henri en indiquant le nombre d'années qui leur restaient à vivre? Simon Goulart l'assure, mais partout où passe la Florentine, les chroniques parlent à son propos d'astrologie ou de poison...

En vérité, si la reine Catherine vient à Chaumont, c'est dans le but bien précis de revoir son domaine avant de le céder à Diane de Poitiers. Chaumont contre Chenonceaux, tel est l'échange proposé à la belle maîtresse d'Henri II. La Médicis a gardé les réflexes d'une famille de banquiers et de marchands! Et, pour une fois, ces deux femmes qui se détestent, l'épouse légitime et la favorite, vont s'entendre, ou du moins se ménager. À vrai dire, Diane n'est guère en mesure de refuser l'offre de la reine, car, depuis que le roi Henri II est mort à la suite du sanglant tournoi des Tournelles, en juin 1559, elle a perdu tout son pouvoir. Elle a dû renvoyer les bijoux qu'Henri lui avait offerts, et Catherine lui interdit la Cour. Haïssez et attendez, on connaît la devise de la Médicis. La reine, surtout, réclame Chenonceaux, mais l'affaire n'est pas si aisée à résoudre, car Diane s'est entourée de toutes sortes de garanties juridiques, lors de l'acquisition du domaine. Aussi, faute de pouvoir exiger, faut-il transiger : le 10 mai 1560, un contrat d'échange est signé à Chinon; Diane de Poitiers devient dame de Chaumont (on peut lire à la base du chemin de ronde ses « D » adossés); la reine douairière devient souveraine à Chenonceaux. Financièrement, la favorite gagnerait plutôt au change, mais elle ne se plaira guère dans cette forteresse à l'allure médiévale et ne cherchera pas à l'aménager.

Pendant que les deux dames vident leur querelle, la cour du nouveau roi, le jeune François II, se rend de Blois à Amboise. François II n'a que dix-sept ans, il est marié à la plus charmante des princesses, Marie Stuart, de deux ans son aînée, et tous deux sont fort amoureux. Sur la figure ronde, un peu bouffie de l'adolescent, on peut déceler les traces d'un caractère faible et indolent, mais aussi les stigmates de la maladie infectieuse qui l'emportera bientôt. C'est d'ailleurs pour le soigner et lui faire jouir d'un meilleur climat que les médecins envoient le roi à Blois; mais à Blois souffle l'air fétide des conjurations. Aussi la petite cour a-t-elle décidé de se transférer à Amboise; dans cette casemate qui surveille la Loire, François II ne risque rien.

Les maîtresses des rois sont des déesses ! La plus belle d'entre elles, Diane de Poitiers, s'est fait peindre par le Primatice en Diane chasseresse.

Amboise : un accident au jeu de paume

Amboise, comme Blois, est une résidence royale. La forteresse, confisquée aux comtes d'Amboise insoumis, a été réunie à la Couronne en 1434. Fortifiée, consolidée,

La situation d'Amboise,
campé sur son rocher entre la Loire
et l'Amasse,
est exceptionnelle.
La grosse tour des Minimes,
les hauts murs de soutènement
semblent n'être là
que pour faire valoir
les arcatures flamboyantes,
les pinacles
et les balustrades ajourées
de la façade Renaissance.

cour intérieure de Chaumont
évoque guère
ustérité moyenâgeuse.
aile est et l'aile sud,
droite et à gauche
la porte d'entrée,
rent construites entre 1500 et 1515
très restaurées par la suite ;
XVIIIe siècle, la suppression
l'aile nord, sur la Loire,
ouvert une magnifique perspective.

elle abrite la famille de Louis XI pendant que celui-ci se bat contre les Bourguignons.

Il est assez difficile d'imaginer ce que pouvait être le château avant les transformations que fit Charles VIII. Sans doute une demeure très inconfortable, qui jouit d'une des plus belles vues sur la Loire, où vit retirée l'épouse de Louis XI, la modeste Charlotte de Savoie. Le petit dauphin Charles y est baptisé en 1418, et il y grandit en compagnie de sa jeune fiancée Anne de Bretagne qu'il épousera à Langeais, le 6 décembre 1491.

Devenu roi, Charles VIII tient à moderniser la demeure de son enfance, en étendant le château vers l'est, au-delà du fossé qui le sépare de la colline : projet grandiose qui fait dire à l'ambassadeur de Florence qu'Amboise ressemble à une cité ! De fait, le chantier dure des années, de 1492 à 1497 ; les ouvriers y travaillent même la nuit à la lumière des torches. En attendant, Charles VIII et Anne de Bretagne logent dans l'ancien donjon.

Le premier bâtiment achevé est le logis des Sept Vertus, aujourd'hui disparu. On sait qu'il comportait une galerie soutenant deux étages éclairés par des fenêtres à meneaux regardant vers la vallée de l'Amasse. Là sont les appartements royaux : chambres pourvues d'une garde-robe, avec des fenêtres garnies de vitraux historiés. On dit que c'est la reine Anne, soucieuse d'hygiène, qui fit introduire les premières « salles de bains ». Le rez-de-chaussée est occupé par trois vastes cuisines.

Le deuxième bâtiment, dit « le Logis du roi », donne sur la Loire. Il est majestueux, régulier et aujourd'hui restauré ; il comprend une salle basse aux lourdes arcades et, à l'étage supérieur, la vaste salle des États formée de deux nefs de style gothique et éclairée par de vastes fenêtres. Au bout de chaque bâtiment, deux énormes tours ménagent des accès, la tour des Minimes (côté Loire), la tour Hurtault (côté sud), qui abrite une vis de 3 mètres de large où non seulement les chevaux mais les chariots

« Les tours d'Ambois
rapporte Commyne
sont si spacieus
que charrettes, mulets et litièr
peuvent y monter aisément
Sous une voûte d'ogive
la rampe de la tour des Minim
s'enroule en pente dou
sur plus de 600 pied
son diamètre est de 21
Du somm
la vue est très belle sur la Loir

La salle des États,
dans le logis du roi à Amboise,
est séparée en deux nefs
par quatre fins piliers
ornés de fleurs de lys et d'hermine,
et chauffée par une vaste cheminée
aux armes de France et de Bretagne.
Abd el-Kader,
qui y fut retenu prisonnier,
l'avait coupée par plusieurs cloisons.

Ce sont sans doute des artistes flamands qui ont ciselé ce joyau de pierre de la chapelle Saint-Hubert à Amboise, en saillie sur le roc et soutenue par un soubassement de pierre. Le linteau du porche représente les légendes de saint Christophe et de saint Hubert, tandis que, dans le grand arc, Anne de Bretagne et Charles VIII sont agenouillés aux pieds de la Vierge.

peuvent grimper. La chapelle Saint-Hubert, qui sert d'oratoire à la reine, joyau de décoration gothique, est reliée au château par des bâtiments bas.

L'expédition d'Italie de 1494 n'interrompt pas les travaux. Certes, ceux-ci sont trop avancés pour qu'on puisse en modifier les plans, mais le roi rêve de reproduire ces merveilleux jardins qui l'ont enchanté à Naples. Le jardinier Dom Pacello dessine des parterres plantés de pommiers, poiriers, orangers disposés en rectangles réguliers et bordés de treillage peint ; côté Loire, une galerie coupe le jardin du vent et, au milieu, un pavillon octogonal coiffé d'une coupole abrite une fontaine.

À Amboise naît ce qu'on peut appeler

pour la première fois une cour. La suite de Charles VIII est quatre fois plus importante que celle de son père Louis XI et le palais royal connaît un luxe ignoré jusqu'alors : les comptes nous apprennent que l'ameublement, fort riche, comprend de magnifiques tapisseries de Flandres et de France, des tapis de Turquie, quarante-cinq grands lits pourvus chacun d'une douzaine de paires de draps, des tentures, des ciels de lit, des rideaux de Damas, de soie et de satin. L'orfèvrerie est en argent massif, ornée de la cordelière d'Anne de Bretagne ; le mobilier consiste en une cinquantaine de coffres sculptés, autant de tables, des dressoirs, des chaises recouvertes de cuir rouge. On sait que la chambre du roi est toute tendue de jaune et de rouge.

La journée royale commence à Amboise par la messe. Puis Charles VIII s'entretient avec ses secrétaires et ses familiers. Il aime à s'entourer d'humanistes, de peintres, de rhétoriciens et de poètes. La Cour est un centre d'élégance, du moins aux jours de fête : le roi s'habille en violet et blanc, avec un manteau doublé d'hermine ; la mode est aux panaches, aux plumes, aux souliers à bout carré. L'après-midi, on se plaît aux exercices de plein air, la chasse en premier lieu ; les écuries sont remplies de magnifiques étalons et de haquenées ; des faucons sont élevés dans une immense volière et le roi a une passion pour ses trois lévriers qui le suivent jusque dans sa chambre. Deux jeux de paume ont été aménagés, l'un au sud du jardin, l'autre dans l'ancien fossé du côté du donjon. Le soir, on joue aux jeux de société, aux cartes et aux dés.

Le roi et la reine n'habitent pas à Amboise à longueur d'année ; ils y laissent leurs enfants : le petit dauphin Charles-Orland est confié à un précepteur et à la garde de cent hommes armés qui veillent aux portes du château ; hélas, ils ne peuvent arrêter les épidémies, et la petite vérole qui s'est installée dans la région emporte en 1495, d'une manière foudroyante, le bambin âgé de trois ans. Les trois enfants qui naîtront ensuite ne vivront que quelques jours ; la dernière-née est une fille, qui meurt en 1498.

Triste année 1498 ! Le 7 avril, veille des Pâques fleuries, Charles VIII sort de sa chambre avec la reine, pour aller voir jouer à la paume dans les fossés du château. Le couple royal passe par la galerie Hacquelebac qui surplombe le terrain de jeu. La galerie est d'ailleurs un lieu peu agréable

et mal entretenu : « Tout le monde y pissait », écrit Commynes qui relate l'accident. En marchant, le roi se heurte le front contre l'huis d'une porte, et, bien qu'un peu étourdi, il poursuit son chemin, regarde les joueurs, devise avec l'un ou l'autre ; en cette veille de Pâques, il confie même qu'il a « grande volonté de ne jamais commettre péché mortel ni véniel ». Mais, en même temps qu'il prononce ces mots, il tombe à la renverse et perd la parole ; les courtisans affluent mais nul n'ose le déplacer, et il va rester là plusieurs heures, dans ce corridor ouvert à tous les vents, étendu sur une paillasse ; à trois reprises, il parvient à dire quelques mots à son confesseur et, à onze heures du soir, il expire. Congestion cérébrale ? C'est probable, bien que certains historiens aient vu dans cette mort subite les effets du poison.

Anne de Bretagne demeure prostrée. En sept ans de mariage, elle a vu mourir ses trois enfants puis son mari, et elle n'a que vingt-deux ans ; elle refuse de porter les vêtements blancs qui sont la parure des veuves et se commande des robes noires. En pleurs, elle reçoit l'émissaire du nouveau roi, Louis d'Orléans devenu Louis XII qui, habile, a déjà son plan pour annuler son mariage et pour décider la veuve inconsolable à reprendre époux.

Léonard de Vinci à Amboise

La mort de Charles VIII interrompt net les travaux d'Amboise. Louis XII préfère Blois, la demeure de ses jeunes années, où il emmène dès qu'il peut Anne de Bretagne devenue son épouse. Amboise déserté par la Cour devient la résidence de l'héritier au trône, François d'Angoulême, et de sa mère,

Charles VIII et Anne de Bretagne firent d'Amboise la première des grandes résidences royales. Plus généreux qu'intelligent, fasciné par l'éclat de la civilisation italienne, le jeune roi prétend, par le jeu des héritages, ceindre la couronne de Naples. Ses successeurs seront également fascinés par le « mirage italien ». Si la conquête fut éphémère, la « mode dytallie » fut profonde.

Louise de Savoie. François est alors fiancé à la petite Claude, fille aînée d'Anne de Bretagne, laquelle repousse d'ailleurs sans cesse la cérémonie nuptiale, dans l'espoir qu'elle mettra au monde un petit dauphin et rendra ainsi inutile cette union. Mais, à trente-sept ans, mère de deux filles, épuisée par des grossesses inutiles, la Bretonne s'éteint, le 9 janvier 1514.

Plus rien ne s'oppose désormais à l'union de Claude de France et de François d'Angoulême, héritier de la Couronne. Noces lugubres ! Louis XII a défendu toute réjouissance, tout apparat. Les mariés sont vêtus de noir, symbole de la constance. Quelques mois plus tard, le vieux roi s'éteint à son tour, et le jeune François, âgé de vingt ans, monte sur le trône. Avant de guerroyer en Italie, il donne à Amboise des fêtes superbes. Fastueux, plein de fougue, il ne reste pas en place ; il court, suivi de sa « petite bande », de château en château, de chasse en chasse, et bientôt de maîtresse en maîtresse. Mais, à Amboise, une amitié, une admiration le retiennent en la personne du vieux Léonard de Vinci, avec lequel il aime à s'entretenir de ses grands projets architecturaux.

Après la victoire de Marignan, François a rendu visite au grand artiste et, pour 4 000 ducats, il a rapporté en France *la Joconde*. Il a même réussi à persuader le maître italien de quitter son pays, où monte l'étoile rivale de Michel-Ange, et de l'accompagner sur les bords de la Loire, moyennant une pension annuelle de 700 écus. Léonard a accepté.

Léonard a soixante-sept ans lorsqu'il arrive en Touraine au printemps 1516 accompagné de son élève Francesco Melzi et de deux serviteurs : c'est un homme déjà vieux et fatigué. Le roi l'accueille lui-même en le prenant dans ses bras. Il lui a fait aménager une charmante demeure à quelques pas du château d'Amboise, le manoir du Cloux — ou le Clos-Lucé —, qui appartint autrefois à un fidèle de Louis XI et que racheta Charles VIII ; Anne de Bretagne et le petit Charles-Orland s'y rendaient souvent par la porte des Lions. Puis le manoir servit de retraite champêtre à la sœur de François Ier, la Marguerite des Marguerites, qui y écrivit ses premiers poèmes avant *l'Heptaméron*. Avec ses briques roses, sa tourelle octogonale, son oratoire de pierre blanche, où Anne de Bretagne venait pleurer ses enfants morts, le Clos-Lucé est une demeure attachante et modeste, qui plut à Léonard. Et sans doute l'artiste devant les lointains bleutés de la vallée de la Loire retrouvait-il un peu de la douceur de ses collines florentines...

Malgré l'âge et les rhumatismes qui raidissent sa main, le maître continue de travailler. Il organise pour le roi de magnifiques illuminations au Clos-Lucé, où, la nuit, « il faisait clair comme en plein jour ». Il étudie des projets d'assainissement de la Sologne et l'ouverture d'un canal qui doit

Le manoir du Clos-Lucé, du XVe siècle, abrite un musée Léonard-de-Vinci où l'on peut voir 50 maquettes de machines réalisées d'après les croquis du maître. Léonard y finit ses jours, à proximité du mystérieux sourire de sa Joconde, dont il ne pouvait se séparer.

éonard de Vinci domine son époque. orsque François Ier 'emmène en France, accueille non seulement plus grand peintre de son temps, nais le meilleur ingénieur du siècle : es recherches de Léonard ouchent à l'architecture, 'art hydraulique, la métallurgie, industrie textile... (autoportrait).

passer par Romorantin ; il dessine les plans d'une sorte d'hélicoptère, construit un automate qui terrorise les dames de la Cour tant il ressemble à un vrai lion ! Son activité est inlassable ; on ne sait cependant si les fresques de l'oratoire sont de sa main ou de celle de son élève.

En 1519, l'hiver est si rigoureux que la Loire gèle et que la débâcle des glaces emporte une arche du pont d'Amboise. Le peintre a recueilli une petite hirondelle qu'il nourrit et qui lui tient compagnie. Ce sera son dernier hiver. Il s'éteint le 2 mai. Son inhumation a lieu à la collégiale de Saint-Florentin — aujourd'hui détruite — au château d'Amboise. Une dalle dans la chapelle Saint-Hubert recouvre ses ossements, qui y ont été transférés sous le second Empire.

Des pendus aux balcons

Amboise reste sous le règne de Henri II et de Catherine de Médicis la résidence des enfants royaux. Le jardin bien clos, le bon air dû à la position du château sur une hauteur en font un endroit paisible et protégé. Les petits princes y sont élevés avec des compagnons de leur âge ; ils ont leur

Les mœurs de la Renaissance sont cruelles : les conjurés d'Amboise sont décapités, noyés, écartelés ou pendus aux balcons du château qui ornent les fenêtres de la salle des États; le jeune roi et son épouse regardent la scène d'une fenêtre.

maison, leur train de serviteurs, nourrices, apothicaires, médecins, lavandières... Leurs parents y font de fréquentes visites, ou se font envoyer leurs portraits. Seul l'héritier du trône, le dauphin François, ne réside pas à Amboise car il doit suivre le cortège royal pour apprendre son métier. Il a seize ans en 1559 lorsque son père meurt et qu'il devient François II.

Le pays est alors en proie aux tragiques guerres de Religion ; on brûle des huguenots à Beaugency, à Chinon. À la mort d'Henri II, le pouvoir réel appartient à la maison des Guise, qui manipulent à leur gré le petit roi et entament de nouvelles persécutions contre les réformés. La situation est à ce point critique que la noblesse protestante, poussée aux extrémités, décide de soustraire François II à l'emprise des Guise en organisant son enlèvement. Mais, à la Cour, on a vent du complot, aussi déménage-t-on en hâte de Blois jusqu'à Amboise, en mars 1560. Pour donner le change, il y a fête au château, bal masqué... Derrière les masques, des serviteurs armés surveillent !

On connaît le déroulement tragique des opérations. Le complot est éventé. Pris au piège, les conjurés sont capturés dans leurs caches, soit au château de Noisay entre Tours et Amboise, soit dans la forêt de Château-Renault ; leur chef, La Renaudie, est tué d'un coup d'arquebuse et son corps, écartelé, est attaché par morceaux aux portes d'Amboise. Et puis c'est l'abominable tuerie des prisonniers, châtiment à la mesure de la peur : noyades, pendaisons, décollations. Dans la cour du château, on dresse des potences. Certains conjurés sont pendus aux balcons et aux créneaux du château qui dominent la Loire. Les corps se balancent plusieurs heures, le jeune couple royal paraît à la fenêtre et regarde le spectacle. Les paysans, catholiques et protestants confondus, sont terrorisés ; parmi les spectateurs, un petit garçon de six ans est amené là par son père, Agrippa d'Aubigné, pour qu'il jure de venger un jour ses coreligionnaires. On retrouve des cadavres flottant dans la Loire pendant plusieurs jours.

Les souverains ne s'attarderont pas à Amboise après ce massacre : ils quittent le château pour n'y plus revenir. La forteresse maudite servira à plusieurs reprises de prison et son dernier illustre captif sera Abd el-Kader.

Chinoiserie sur Loire : Chanteloup

À trois kilomètres d'Amboise, on se frotte les yeux, on croit rêver : à l'entrée de la forêt, un étrange obélisque, composé de sept morceaux qui semblent s'emboîter les uns dans les autres, se mire dans l'étang : la pagode chinoise de Chanteloup, seul vestige de la merveilleuse demeure qui fut la résidence du duc de Choiseul pendant sa disgrâce.

Exilé, le ministre de Louis XV a reconstitué à Chanteloup un petit Versailles, où toute la Cour vient le voir à la grande fureur du roi et de la Du Barry, instigatrice de l'affaire. La duchesse de Grammont y a ses appartements, le duc d'Orléans également. Collections de gravures, bibliothèques précieuses font la joie des invités. On ne se voit pas le matin, mais à trois heures ; « le dîner », qu'on peut prendre également avec ses hôtes, est servi dans les appartements. La splendeur, la grandeur du château sont telles que Durfort de Cheverny, invité en voisin, met vingt minutes pour passer du salon à sa chambre ! Bien sûr, la chasse est une des activités les plus prisées, la belle forêt s'étale toute proche et l'on court le cerf deux fois par semaine ; la curée a lieu dans une des cours au sud du château ; les étables contiennent un impressionnant troupeau de vaches et de cochons, de quoi nourrir une petite population. Si dans la journée aucune étiquette ne règle la vie des invités, le soir il faut être mis comme à la Cour, en grands paniers pour les femmes ; trictrac, billard, conversations spirituelles durent jusqu'à minuit, et parfois il y a bal sous des éclairages somptueux, dignes de Versailles.

La pagode chinoise est un monument élevé aux amis de l'exil. Les noms des visiteurs y sont gravés dans la pierre. Cette bagatelle, édifiée par Le Camus, a coûté près de 40 000 écus. Est-ce ce genre de folle dépense qui arrache ce cri à Mme de Choiseul, lorsque meurt le duc : « Grand Dieu, donnez-moi le temps de payer les dettes de mon mari ? »

Chanteloup fut dévasté sous la Restauration par les « bandes noires » des marchands de biens, qui l'emportèrent pierre par pierre. Rien n'en subsiste hormis les pavillons de l'entrée et la pagode, où Anatole France aimait tant se promener. Cette complète disparition a quelque chose de saisissant ! □

promenade sur le Cher : Chenonceaux

Philibert Delorme a jeté sur le Cher ces arches de pierre, à la fois robustes et pleines de grâce. On distingue nettement les trois « parties » du château : le donjon des Marques, isolé, le château Bohier et, dans son prolongement, la galerie à cheval sur le fleuve construite pour Catherine de Médicis et couronnant le pont de Diane de Poitiers.

VENU DES TERRES du Berry, le Cher creuse son lit entre les coteaux troglodytes de Bourré et les collines plantées de vignes et de pinèdes. Un peu sévère, il s'adoucit à mesure qu'il pénètre en Touraine et se rapproche du fleuve royal auquel il offre son tribut : rivière paisible, canalisée par des barrages sur une partie de son cours et qui se prête aux besoins de l'industrie : rivière « bourgeoise », a-t-on dit; elle semble « être là pour l'utilité autant que pour l'agrément : c'est la prose après la poésie » (H. Guerlin).

Le Cher est d'abord la rivière de Chenonceaux, le château de Diane de Poitiers, cent fois photographié, cent fois loué, carte postale de la France. Mais, par une grâce spéciale, Chenonceaux (qui s'orthographiait autrefois Chenonceau) garde le souvenir du temps où il fut un moulin, moulin fortifié et laborieux que le Cher actionnait pour la famille de Marques. La jolie tour précédant le pont (mais remaniée), les fondations de la première arche en sont des vestiges importants.

Chenonceaux est un château heureux, un château fait pour le délassement, qui évoque des images douces, des fêtes et des bals, et non plus des conjurations ou des massacres. D'ailleurs ses propriétaires successives — toujours des dames — vont tant l'aimer et l'embellir qu'elles ne s'en sépareront jamais que contraintes et forcées, avec beaucoup de tristesse.

Les Tourangeaux viennent pêcher quelques bonnes fritures à Savonnières. Tout autour, les vignobles bien ordonnés s'étendent sur les coteaux, et, dans le tuffeau, s'ouvrent des grottes couvertes de stalactites, les « caves-gouttières ».

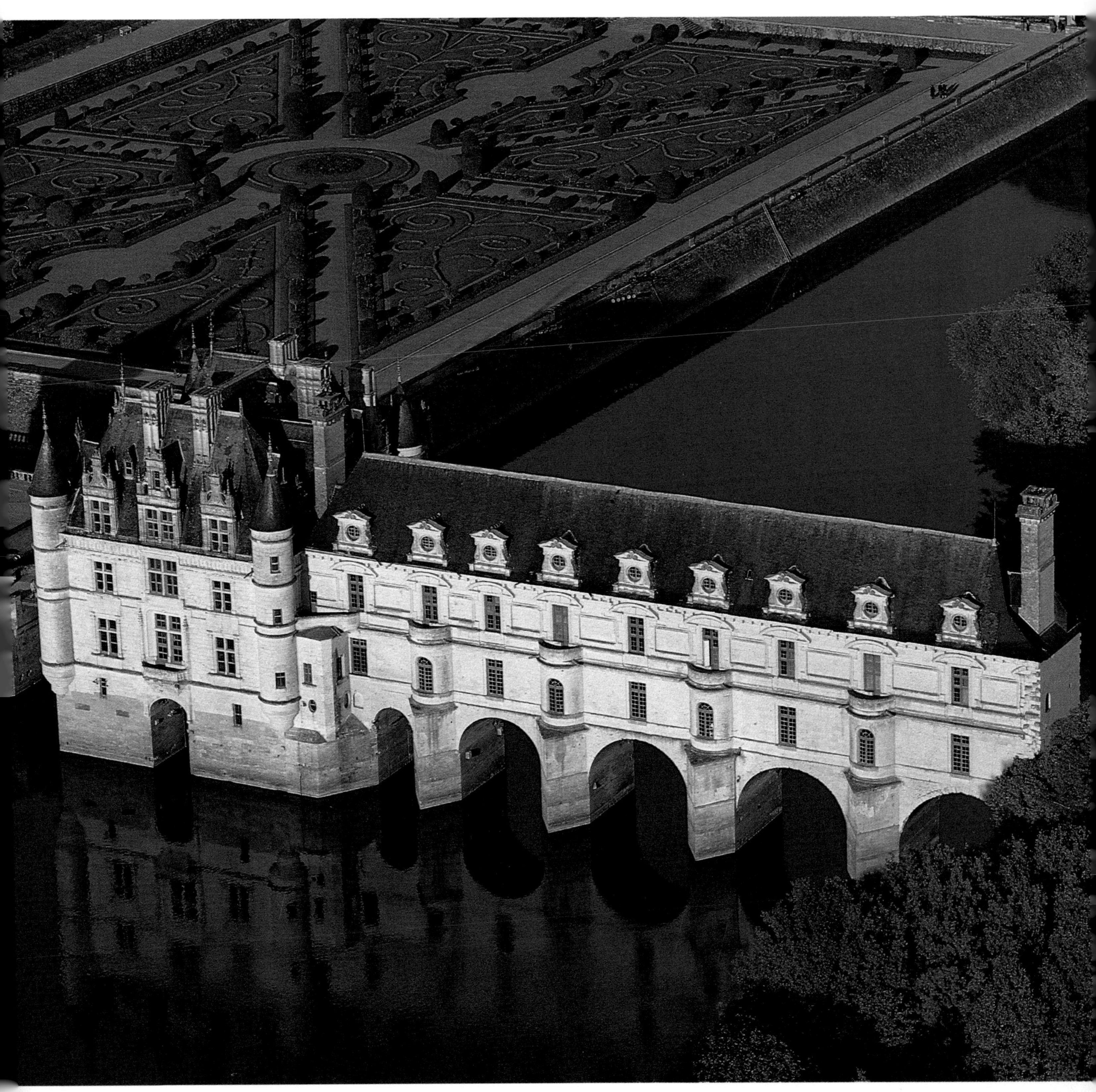

Les premiers châtelains à subir ces revers de fortune sont les comtes de Marques : pour payer leurs dettes, ils doivent céder Chenonceaux à un homme alors en pleine ascension, Thomas Bohier, receveur des finances royales. L'affaire ne se fait pas sans chicane, elle dure des années et ce n'est qu'en 1512 que Bohier et son épouse, Catherine Briçonnet, deviennent vraiment propriétaires, pour 12 450 livres, de la terre de Chenonceaux qu'ils font ériger en châtellenie.

Catherine Briçonnet, qui appartient à une vieille famille de notables tourangeaux, est une femme moderne : elle prend en main la direction des travaux et consacre son temps et sa fortune à embellir le château de Marques dans le style nouveau. Un manoir gracieux s'élève à la place du vieux moulin, bâtiment carré à deux étages flanqué de tourelles en encorbellement et appuyé sur les deux anciens piliers dans le lit du Cher. Plus d'avant-corps autour d'une basse-cour, plus d'incommode escalier à vis, mais quatre grandes pièces distribuées de chaque côté du vestibule et un escalier à rampe droite selon la mode italienne. Les fenêtres sont larges, à pilastres, les cuisines sont logées dans un soubassement de la pile, et un petit escalier conduit à une sorte de ponton sur le Cher où l'on débarque le ravitaillement. Le chantier se poursuit jusqu'en 1521, date de la consécration de la chapelle. Le roi autorise alors la construction d'un pont sur le Cher pour faciliter les dégagements, mais Catherine meurt en 1523 sans avoir pu exécuter le projet.

Son héritier, Antoine Bohier, n'a pas le loisir de poursuivre les plans : les Bohier sont entraînés dans la disgrâce du financier Semblançay, et ruinés. Ils doivent restituer au Trésor 190 000 livres tournois. Dans l'impossibilité de payer, ils offrent Chenonceaux à titre de dédommagement, et François Ier est séduit par l'idée d'acquérir « cette belle place et maison, assise en beau et plaisant pays ». Il y viendra quatre ou cinq fois pour chasser.

C'est au cours d'une de ces visites que le dauphin, le futur Henri II, et son épouse Catherine de Médicis découvrent cette superbe demeure au bord du Cher. La favorite, Diane de Poitiers, veuve du comte de Brézé en 1531, fait partie de la promenade : ménage à trois, quasi officiel, avec les drames intimes que la situation implique : Catherine, l'épouse amoureuse d'un mari indifférent, jalouse, trompée, ravale son humiliation et joue à tout moment la comédie de l'amitié ; elle affecte même de la déférence envers sa rivale heureuse pour se conserver les bonnes grâces du roi ! Diane, toujours superbe malgré l'approche

D'or au lion d'argent et un chef de gueule, telles sont les armoiries de Thomas Bohier, financier enrichi sous trois rois, qui prend pour devise : « S'il vient à point me souviendra. » Hélas, tout n'est pas toujours venu à point pour le trésorier en faillite !

Appréciée par François Ier mais peu aimée de la Cour qui juge sa naissance indigne de la famille royale, Catherine attend son heure avec patience et détermination. Elle a bien su attendre neuf ans pour mettre au monde le premier de ses dix enfants !

orsque la belle Diane de Poitiers erd son époux, Louis de Brézé, 1 1531, rançois Ier lui confie l'éducation e son fils Henri, ors âgé de douze ans. uelques années plus tard, le devient sa maîtresse en que e vingt ans plus âgée que lui.

de la quarantaine, règne de toute sa beauté et de toute sa légende : la gorge, blanche, la carrure robuste qui fait paraître la taille très mince, l'admirable chevelure retenue par la coiffe noire, la robe blanc et noir dont elle s'habille toujours, lui donnent cet air à la fois imposant et maternel qui plaît tant à son royal amant de vingt ans son cadet. Des portraits de Jean Goujon, de François Clouet l'ont immortalisée dans sa nudité parfaite et sans doute Henri II la voit-il toujours ainsi à l'abri des ravages du temps.

Cette déesse n'en est pas moins une femme d'affaires. Henri ne lui refuse rien. Il fait sculpter son chiffre, le croissant, aux frontons du Louvre et dans les palais royaux ; il lui donne des bijoux, des terres, cadeaux qu'on évaluerait aujourd'hui à plusieurs milliards de centimes. Lorsqu'il devient roi en 1547, il lui fait don de Chenonceaux, qui appartient depuis 1535 à la Couronne. Don illégal, car le domaine royal est inaliénable ; il faut donc à l'avide maîtresse trouver une clause qui permette d'attaquer l'acte de vente de 1535 signé par les Bohier. C'est chose vite faite : on convainc le pauvre Antoine Bohier qu'il a surestimé son domaine et on annule la vente ; le château est mis en adjudication et Diane le rachète tout simplement — avec l'argent du Trésor, cela va sans dire ! Le 8 juin 1555, la favorite devient donc enfin propriétaire reconnue d'un domaine dans lequel elle a depuis plusieurs années entrepris de grandioses travaux. Qu'elle en profite : cinq ans plus tard, la Providence déjouera ses savants calculs...

En femme de tête, Diane de Poitiers met de l'ordre dans les comptes du domaine ; elle surveille de très près les redevances des fermages, les ventes de blé et de vin. Ses besoins d'argent sont pressants car elle veut mener à bien la construction du pont sur le Cher dont Philibert Delorme lui a dressé les plans. Le chantier n'avance d'ailleurs que fort lentement et coûtera 9 000 livres sans être achevé. Diane donne également tous ses soins à ses jardins, pour en faire le temple digne de son amour : cabinets de verdure, lys précieux, buissons de rosiers envoyés par l'archevêque de Tours, parterres à l'italienne... On joint l'utile à l'agréable en plantant cent cinquante mûriers blancs pour les vers à soie ; les vignes sont surveillées avec amour, mais

Jean Goujo[n] sculpta la monumentale chemin[ée] de la chambre de Diane de Poitier[s]. Les initiales de la favorit[e] et celles de Henri II enlacée[s] ornent le mantea[u] ainsi que les revêtements des mur[s].

Au premier étage de l'aile Bohier, se trouve la chambre de Catherine de Médicis encore somptueusement meublée d'un lit à baldaquin et ornée de tapisseries. La reine disposait également, au rez-de-chaussée, d'un cabinet de travail, le cabinet vert, dont le plafond est resté intact depuis cinq siècles.

un jour, une crue du Cher emporte les levées et submerge le parc : on replante aussitôt. Heureusement, Henri II paye son écot et accorde à Diane 5500 livres, en récompense des « bons, agréables, recommandables services que ladite dame a cidevant faits à notre chère et très aimée compagne, la Reine ». Bel euphémisme qui dut faire plaisir à Catherine !

En 1559, il reste à construire la galerie audessus du pont et à aménager la rive droite du fleuve. La mort accidentelle d'Henri II bouleverse tous les plans ; Diane doit restituer Chenonceaux et elle se retire à Anet, où Brantôme nous la décrira encore splendide, malgré la soixantaine passée.

Des fêtes indécentes

Enfin maîtresse du royaume ! Catherine occupe donc cette place que l'éclat de Diane lui a ôtée. « Sa cour, écrit Brantôme, était un véritable paradis terrestre et école de toute beauté. » Elle est entourée des plus belles femmes de France, les demoiselles de l'Escadron volant, qui appartiennent aux meilleurs familles du royaume ; on donne des concerts dans ses appartements, « ouverts à tous les honnêtes gens » ; les meubles sont peints de couleurs vives, l'or étincelle sur les coussins, les lambris, les caissons, les parures des femmes. Catherine, par son origine italienne, s'y connaît mieux que personne pour donner de magnifiques fêtes, et elle ne se privera pas, à Chenonceaux, de prouver avec éclat devant le monde entier qu'elle est reine.

La première de ces fêtes est donnée à l'occasion de l'entrée du jeune roi, François II, et de son épouse Marie Stuart à Chenonceaux, le 31 mars 1560. La Cour vient de quitter le château maudit d'Amboise après les massacres et, tout au long de la route, la population s'est massée pour voir passer le cortège, en déployant des enseignes et en jouant du tambourin. Des arcs de triomphe, des statues de plâtre transforment le parc du château en paradis antique; Victoire et Renommée, représentées par deux jeunes filles, se tiennent devant l'entrée tandis qu'une Pallas casquée, d'un balcon, récite des compliments. Le soir venu, des girandoles illuminent les allées, et les fusées et feux d'artifice retombent en étoiles colorées sur les parterres. Il y a courses de bagues, chasses, parties de jeu de paume. Mais l'humidité du Cher est malsaine pour François, et, après quelques jours, la Cour se replie sur Tours.

Trois ans plus tard, en avril 1563, Chenonceaux accueille le petit Charles IX qui succède à François II emporté par une mastoïdite. Même déploiement de luxe et de richesses, avec plus de faste encore si c'est possible. Charles, qui a treize ans, ouvre le bal avec Mlle Marguerite, sa sœur. Les demoiselles de l'Escadron volant, mises en nymphes enveloppées de voiles d'argent, jaillissent des buissons et dansent le branle du Poitou. Puis on fait une promenade en barque sur le Cher, au son des musiques. Le lendemain, les convives sont priés de se présenter en bergers, parés de soie blanche, pour un bal masqué. Il y a aussi une collation dans le parc, servie par les demoiselles de l'Escadron volant, puis un combat nocturne où joutent cinquante galiotes décorées de guirlandes. On dirait que la Cour veut s'étourdir de fêtes !

Les chroniques nous apprennent encore que Catherine s'arrête à plusieurs reprises

ane de Poitiers fit aménager
r la rive droite du Cher
s jardins
i portent encore son nom ;
is les parterres
'on voit aujourd'hui
nt différents
s cabinets de verdure
la favorite aimait se promener
ec le roi.
therine de Médicis
fit des parterres à l'italienne.

à Chenonceaux pour y faire presser les embellissements sous la direction de Bernard Palissy ; la galerie qui enjambe le Cher est commencée. On doit aussi aux soins de la reine de somptueux parterres, où ruissellent les eaux des fontaines, des grottes artificielles ménagées dans la rocaille, des vasques et bassins et un amphithéâtre, décor de quelque rêve antique.

La tuerie de la Saint-Barthélemy en 1572 interrompt ces parades somptueuses. Charles IX meurt à son tour en 1574, et son successeur est le plus raffiné, le plus immoral, le plus indécis, le plus mystique des Valois. Un être plein de contradictions, sans doute le fils préféré de sa mère, ingrat comme ceux qui ont été trop aimés. Il montre autant de goût pour les retraites au monastère que pour les divertissements les plus licencieux ; il pense réellement au bien de son royaume et engloutit dans des fêtes étourdissantes les dernières ressources d'un

pays saigné à blanc. Il exige la plus stricte des étiquettes et sa cour se signale par des costumes extravagants, des visages peinturlurés, des fards provocants.

Le 15 mai 1577, Henri III offre au Plessis-lès-Tours une fête restée fameuse, destinée à récompenser son jeune frère d'Alençon qui vient d'emporter une place forte sur les huguenots. Les invités doivent arriver travestis, les hommes en femmes et les femmes en hommes. À son tour, le dimanche suivant, Catherine reçoit à Chenonceaux pour un fastueux festin. Le roi se présente encore habillé en femme comme pour une fête masquée, avec une robe richement brodée, largement décolletée sur la poitrine, le cou encadré par une fraise empesée et orné de trois rangs de perles. Ses mignons, pommadés et frisés, ont revêtu un accoutrement analogue. Le banquet se tient dans le jardin, derrière la tour des Marques, au pied de la rocaille. Ce sont les filles de l'Escadron volant qui font le service, « à demi nues et ayant leurs cheveux épars comme épousées », raconte Brantôme : il y a là quelques beautés légères, Charlotte de Beaune, Mme de Guicherville, la dame de Montsoreau que nous retrouverons un peu plus loin en compagnie galante. Les trois reines sont présentes ; mais si Louise de Vaudémont, l'épouse d'Henri III, se tient avec discrétion et modestie, sa belle-sœur Marguerite rit avec coquetterie et se complaît à ces distractions indécentes. Le banquet coûta à lui seul plus de 100 000 livres, qu'il fallut payer en levant des emprunts ! Les détails manquent sur les fêtes qui ont accompagné le festin : feux d'artifice tirés des berges, musique, spectacles, et peut-être des divertissements moins innocents dans l'ombre propice des salles mal éclairées ou des bosquets !

La fête parut licencieuse et choqua les contemporains ; ce fut la dernière grande

es fêtes royales
ouvèrent dans les châteaux
e la Loire
n cadre somptueux
ui convenait bien au raffinement
écadent
e la cour d'Henri III.
e bal donné
our le mariage du duc de Joyeuse
vec la sœur de la reine,
Iarguerite de Navarre,
oûta au trésor
lus de 1 million d'écus !

fête de Chenonceaux, son apothéose. Catherine fit encore de nombreux séjours sur le Cher, pour surveiller l'achèvement de la galerie à deux étages conçue par Philibert Delorme ; mais, faute de temps et d'argent, elle ne put réaliser la totalité de ses plans, qui prévoyaient de somptueux bâtiments sur la rive droite. Et sans doute est-ce une bénédiction pour l'équilibre et l'harmonie du château ! Plus modestement, elle fit construire divers communs destinés à héberger sa suite, coiffés d'une charpente en forme de couronne impériale, les fameux « dômes ».

C'est à sa belle-fille, la douce reine Louise, que Catherine de Médicis lègue Chenonceaux : une reine effacée, fidèle, qui vient y pleurer le deuil de son mari, fantôme blanc errant dans un cadre mélancolique ; elle fait peindre sa chambre en noir et dessiner sur ses plafonds des têtes de mort ; elle ne sort plus de ses appartements, et suit la messe de son lit, par un œil-de-bœuf percé dans le mur de sa chambre, jusqu'à sa mort en 1601.

Pendant deux siècles, le château est enveloppé de brume ; il faut attendre qu'il soit racheté, au XVIIIe siècle, par le fermier général Dupin pour qu'il se réveille d'un long sommeil. La cinquième dame de Chenonceaux, Mme Dupin, restaure, replante, reçoit : elle s'entoure de beaux esprits ; Jean-Jacques Rousseau y vient en 1747 en qualité de précepteur du jeune Dupin et s'y plaît beaucoup ; il fait de la musique, joue la comédie, compose des pièces de vers : « J'y devins gras comme un moine », avoue-t-il. Ce n'est évidemment pas parmi cette aimable compagnie qu'il a pu s'abandonner au charme des rêveries solitaires...

Chenonceaux récapitule toutes les grâces du Cher. « Je ne sais quoi d'une suavité singulière et d'une aristocratique sérénité transpire du château de Chenonceaux, écrit Flaubert. C'est paisible et doux, élégant et robuste... » Et pourtant, à ceux qui voudraient s'écarter des monuments royaux et explorer plus loin la campagne, le Cher ménage encore de belles surprises : le gros donjon carré de Montrichard, forteresse du terrible Foulques Nerra, Gué-Péan, délicieux relais de chasse blanc et bleu dans un vallon tranquille, la vieille forteresse de Selles qui se reflète dans une boucle de la rivière, Saint-Aignan, et, plus loin, somptueusement planté sur de vastes terrasses, le château de Valençay, acquis en 1803 par Talleyrand. Mais ces trésors n'appartiennent déjà plus au Val de Loire, rendons-les au Berry. □

Valençay fut construit vers 1540 par Jacques d'Estampes qui s'inspira de Chambord pour édifier cet énorme donjon central cantonné de tourelles, rythmé par des pilastres superposés. Mais le dôme en lanternon, déjà classique, remplace les poivrières. L'aile ouest, symétrique, de dimension plus modeste, a été ajoutée au XVIIe siècle.

de Tours à Ussé

Tours est une ville « inspirée par le génie de la Loire » (Boylesve). Le grand vaisseau gothique de la cathédrale garde la ville vers l'est ; à l'ouest, sinuent les petites rues enchevêtrées du vieux Tours, d'où émergent tourelles et clochers.

un chapelet de donjons

Entre Tours et Ussé, la Loire a presque atteint sa maturité, grosse du Cher et de l'Indre. Ses amples bras enserrent les îles oblongues aux oseraies verdoyantes, et ses rives ponctuées de peupliers et de saules sentent bon le chèvrefeuille. La Loire est la plus sensuelle des rivières de France. Au pied des donjons, les petits villages chauffent leurs toits d'ardoise au soleil. Sur le vieux pont bosselé, on croit voir une traînée de cavaliers qui font tinter leurs armures. La campagne est paisible, civilisée, propice aux villégiatures et aux retraites champêtres ; Balzac a séjourné à la Grenadière à un kilomètre du pont de Tours, et, non loin, à la Béchellerie, mourut un autre amoureux de la Loire, Anatole France.

Sur cette portion du fleuve, l'histoire offre ses haltes, les donjons ébouriffés de buissons où nichent les oiseaux, les forteresses en ruine aux cours herbeuses, les châteaux altiers. Il faut partir à leur découverte après s'être arrêté à Tours, Tours où le vieux donjon des Guise apporte une note austère dans une ville pleine de coquetterie et de grâce. C'est là que le jeune prince de Joinville, emprisonné après l'assassinat à Blois de son père le duc de Guise, a sauté quinze pieds de haut dans les fossés pour s'enfuir par les rives du fleuve ; c'est là que la Loire exprime peut-être le mieux la France, en un paysage « varié dans sa monotonie, léger, gracieux, mais d'une beauté qui caresse sans captiver, qui charme sans séduire, et qui, en un mot, a plus de bon sens que de grandeur et plus d'esprit que de poésie »... Ainsi, du moins, l'a vue Flaubert !

Grâce à cette aquarelle du XVIIe siècle, on peut reconstituer le plan du château de Plessis-lès-Tours, dont il ne reste qu'un fragment, une partie de l'aile du logis royal. Quadrilatère de 50 m sur 35, il ressemble au Plessis-Bourré, mais sans tours d'angle. Le roi logeait dans l'aile la plus haute.

Plessis-lès-Tours, demeure de plaisance

En sortant de la ville de Tours, on rencontre au milieu des arbres et des jardins maraîchers, dans une plate banlieue, une demeure modeste en brique, flanquée d'une tourelle octogonale : Plessis-lès-Tours, bâtie dans le domaine des Montils. Rien de bien extraordinaire en comparaison des châteaux royaux. Qui croirait que là, entre ces murs largement percés de fenêtres et égayés d'un chaînage de brique, a vécu le sombre Louis XI, dont le visage tortueux et machiavélique a été immortalisé sous le bonnet de fourrure ? On chercherait vainement les cachots, les oubliettes, les couloirs noirs où errent les fantômes de ses malheureuses victimes : le seul souterrain qu'on ait retrouvé se situe presque au ras du sol, mais la légende est tenace, qui doit beaucoup au talent de Walter Scott.

Plessis-lès-Tours, aménagé en 1477, est extraordinairement moderne pour son époque. Certes, des fortifications, des fossés que surplombe un pont-levis protègent le château ; selon l'usage, la poterne est flanquée de deux tours rondes et introduit dans une basse-cour remplie de gardes. Mais le logis seigneurial est une confortable et lumineuse demeure de briques roses ; une galerie vitrée permet, quel que soit le temps, de se rendre dans la chapelle dédiée à saint Jean. Du premier étage, on aperçoit un beau parc, des jardins et des vergers, et, au loin, les toits de Tours. Le mobilier, sans être luxueux, répond au confort du temps : des tapisseries neuves, des billards, des bibliothèques, des cuves pour prendre des bains.

Louis XI possède bien d'autres demeures, mais au Plessis, il se sent chez lui ; il passera les derniers jours de sa vie dans cette retraite campagnarde. Il aime chasser dans les garennes voisines, il s'habille de laine grossière et invite à son souper quelques rares élus, dont son gendre, Pierre de Beaujeu ; les menus sont savoureux, chapons, gélinottes, hérissons, cigognes, branches de bois de jeunes cerfs coupées menu et frites dans du saindoux. Le vin vient d'Orléans ou de Bordeaux. Un médecin surveille la table royale.

De la spacieuse demeure de Plessis-lès-Tours, il ne reste que ce « logis du roi ». C'est dans cette chambre du premier étage, aux murs de brique à parements de pierre, chauffée par une vaste cheminée, que s'est éteint Louis XI.

Sur la fin de sa vie, tremblant de peur devant la mort qu'il sent venir, Louis XI est devenu maladivement soupçonneux. Il épie tout le monde, descend lui-même aux cuisines, et il remplace ses vieux serviteurs par des étrangers. Assurances sur l'autre monde, sa piété, sa dévotion s'exacerbent ; il ne néglige aucune ressource pour protéger sa vie : il couvre les églises d'offrandes, récite des neuvaines à la bonne Vierge de Cléry, se rend à Saint-Benoît, se procure des reliques et fait mander du fin fond de l'Italie l'ermite calabrais François de Paule. Mais toutes ces prières ne lui rendent pas la santé. La peur l'oppresse, aussi fait-il entourer le château trop vulnérable d'une grille de fer, quadrillée de broches à plusieurs pointes ; au sommet des murs sont installés des miradors ; les soldats montent la garde, avec ordre de tirer sur tout ce qui bouge dès que le pont-levis a été remonté.

Une première attaque surprend le roi au château et lui fait perdre la parole. Un peu rétabli, il appelle son fils, le petit dauphin de treize ans, Charles, pour lui donner ses instructions, et il confie la régence à sa fille Anne de Beaujeu. La rémission est de courte durée : le 31 août 1483, Louis XI expire, veillé par François de Paule.

Le décor du Plessis, modeste, presque bourgeois, n'évoque guère aujourd'hui ces heures graves de l'histoire de France, pas plus qu'il ne ressemble à l'image romantique qu'en a donnée Walter Scott dans *Quentin Durward.* Néanmoins, le château a servi de modèle à de nombreux châteaux de la Loire qui sont beaucoup mieux conservés. À ce titre, il mérite l'intérêt des visiteurs.

Ce portrait de Louis XI est sans doute dû à Fouquet. Assez laid, on le voit toujours vêtu d'une robe grossière ; il porte ici le collier de l'ordre de Saint-Michel, dont il est le fondateur. Curieux de tout, subtil, Louis XI a inventé l'État moderne.

Le château de Luynes, sur la rive droite de la Loire est de ceux-là. La forteresse appartient alors à ces seigneurs de Maillé auxquels justement Louis XI a acheté la terre des Montils pour y bâtir le Plessis. Avec l'argent de la vente, Maillé peut moderniser sa vieille demeure, dont il va faire une copie conforme de la résidence royale : mêmes murs de brique à chaînages de pierre, même tour octogonale flanquée à son sommet d'une tourelle plus petite, mêmes fenêtres largement ouvertes. Mais à Luynes aussi le temps a fait ses ravages : au XVIIe siècle, la partie méridionale est reconstruite, de sorte qu'il ne reste du XVe siècle que la tourelle octogonale.

L'apparition de cette masse carrée sur la rive du fleuve en venant par l'ouest a quelque chose de saisissant. Romantique de loin, la forteresse s'assombrit dès qu'on l'approche et les quatre grosses tours qui émergent d'un bouquet de verdure ont gardé la puissance d'une bâtisse féodale. Au XVIIe siècle, le domaine est érigé en duché et donné par Louis XIII à son favori, Charles d'Albert de Luynes, pour le remercier de l'avoir débarrassé de la tutelle de la reine mère, Marie de Médicis. Maillé devient Luynes, et le château demeure durant des siècles propriété de la même famille.

À quelques kilomètres de cette belle et orgueilleuse demeure, le destin du château de Cinq-Mars apparaît par contraste d'autant plus tragique : il n'en reste que quelques tours décapitées, au-dessus d'un village à demi enterré dans la falaise rocheuse.

Le duc de Luynes et le marquis de Cinq-Mars se sont retrouvés à la cour de Louis XIII, dont ils ont été tous deux, chacun à sa manière, des favoris. Qui d'ailleurs résisterait au charme de ce beau garçon de vingt ans, Henri d'Effiat, marquis de

De plan quadrilatéral, appuyé sur d'épais contreforts, Luynes a gardé un rude aspect militaire ; sur la face ouest, cantonnée de quatre tours cylindriques, s'enchâsse dans la cour intérieure un bâtiment de brique de la première Renaissance.

Cinq-Mars a seize ans lorsque Louis XIII remarque sa beauté et sa jeunesse, et le prend à son service : presque un enfant. Six ans plus tard, pour avoir voulu s'affronter au tout-puissant Richelieu, cette jolie tête un peu légère tombe sur l'échafaud.

Cinq-Mars ? Ses portraits nous le montrent séduisant, avec ses yeux vifs sous les cheveux bouclés, le visage noble, propre à inspirer la plus vive des passions, et digne de servir de modèle romantique au héros d'Alfred de Vigny. En fait de héros, Cinq-Mars est surtout un mondain élégant et léger, qui multiplie les dettes, aime le jeu, courtise Marion Delorme et ne répond en rien aux aspirations d'un roi sérieux et dévot. Sa vertigineuse ascension lui a monté à la tête et l'empêche de bien discerner la puissance rivale de Richelieu qu'inquiètent ses ambitions. Cinq-Mars se croit invulnérable, et pour se débarrasser du Cardinal qui fait obstacle à sa fortune, il conspire, incite à la révolte Gaston d'Orléans, traite avec l'Espagne. L'occasion est trop belle de briser l'insolent : intelligence avec l'ennemi, haute trahison ! Richelieu ne pardonnera pas, et le roi lui-même doit désavouer son ami, l'abandonner à la vindicte de son ministre. Cinq-Mars est arrêté, jugé, décapité le 12 septembre 1642 ; il meurt avec un grand courage. Les tours du château de Cinq-Mars et les forêts qui entourent la demeure sont coupées à hauteur d'infamie.

Mariage à Langeais

Langeais marque la frontière de l'Anjou et de la Touraine, et sans doute est-ce la raison pour laquelle fut édifiée, à côté du vieux donjon carré de Foulques Nerra, cette imposante forteresse, image d'une féodalité à son déclin. Sombre, grise, menaçante, elle dissuade par sa seule présence, et Louis XI l'a sans doute fait construire pour protéger son domaine du Plessis-lès-Tours. La surveillance du chantier est confiée à Jean Bourré, que le roi appelle familièrement son « compère ». Le paradoxe veut que cet énorme château, remarquablement conservé, n'ait subi aucun siège, aucun assaut, aucune restauration maladroite, et que les meubles et les tapisseries qu'il conserve, collection rare de coffres et de lits, donnent une idée juste de la vie quotidienne au XVe siècle.

Le seul événement important qu'ait retenu l'histoire de ce monument militaire est un mariage. Et quel mariage ! Celui du roi Charles VIII et de la petite duchesse Anne de Bretagne, en 1491, scellant ainsi le rattachement de la Bretagne à la France.

Au confluent de la Loire et de la Roumer, Langeais, comme Luynes, est un château du Moyen Âge ; on reste admiratif devant l'impression de puissance, de majesté que donne l'entrée du château, malgré la suppression des douves.

Langeais, depuis Jean Bourré jusqu'à Jacques Siegfried, qui le légua à l'État et fit une admirable œuvre de restauration, n'a subi aucune adjonction, aucune suppression. On voit ici un petit salon orné d'une tapisserie millefleurs, et meublé de coffres sculptés ; les boiseries sont d'origine ou reconstituées à partir de pièces authentiques.

La cérémonie a lieu courant décembre ; mais, dès les premiers jours du mois, le roi est venu s'y établir avec sa cour ; la fiancée, qui arrive de Nantes (sans doute en galiote) avec son énorme trousseau, le suit de peu. Le 6 décembre, les fiancés signent, après lecture solennelle, le contrat de mariage rédigé par deux notaires : celui-ci stipule que si le roi meurt sans héritier, Anne devra épouser son successeur. Cette scène historique se déroule probablement dans la grande salle du premier étage, devant la cheminée ornée de feuillages sculptés, dans un décor de somptueuses tapisseries.

Anne, à quinze ans et demi, est une jolie personne, au visage fin, encadré de beaux cheveux noirs ; très mince, elle souffre d'une légère claudication qu'elle transmettra d'ailleurs à sa fille, la princesse Claude. Les diplomates la présentent comme une personne avisée pour son âge, assez volontaire, qui sait obtenir ce qu'elle veut par le sourire ou par les larmes ; élevée dans le luxe de la cour de Bretagne, elle a le goût des parures et, pour la cérémonie, elle porte une robe de drap d'or toute chargée de dessins en relief d'or également ; la garniture de zibeline est évaluée à 58 000 livres : en ce temps-là, le costume constitue un véritable capital, qu'on transmet à ses héritiers, plié dans ces énormes coffres sculptés qui meublent les châteaux. Du roi Charles VIII, on ne peut dire qu'il soit séduisant : « laid de visage, avec de gros yeux blancs, le nez aquilin, grand et gros ; les lèvres sont grosses aussi, qu'il tient constamment ouvertes », ainsi le décrit l'ambassadeur de Venise ; mais, tel qu'il est, Anne s'en éprend au point de se montrer souvent jalouse.

Le consentement des époux est reçu par l'évêque d'Albi, et l'évêque d'Angers dit la messe. L'événement est d'une telle importance qu'on n'attend point la dispense pontificale, nécessaire en raison d'une lointaine parenté. La cérémonie achevée, le mari conduit la petite Bretonne dans la demeure de Louis XI, à Plessis-lès-Tours, où le jeune couple trouvera un confort et des agréments qu'on ignore encore à Langeais.

Nul doute que la petite Anne, quittant les austères châteaux de son duché, n'ait admiré la beauté des tapisseries et des coffres rassemblés en son honneur par son époux, ainsi que les délicates sculptures de cette porte d'entrée de la salle dite « du mariage ».

encadrent sur trois côtés la cour d'honneur; les arcades du rez-de-chaussée forment galerie et les fenêtres à meneaux s'ornent d'élégants pinacles.

Ce joyau de la Renaissance est, hélas, défiguré au XVIIIe siècle. On mure la galerie, de larges fenêtres sont ouvertes sur la façade, et les douves profondes sont remplacées par des terrasses; on transforme le parc... en jardin anglais. Les modes se suivent et ne se ressemblent pas! Lorsque le docteur Carvalho, passionné d'archéologie, rachète la vieille demeure, il décide de lui restituer son cachet Renaissance et de

Au XVIe siècle, le jardin est une reconstruction intellectuelle de la nature, une architecture de verdure. Dans les parterres de Villandry, chaque massif du jardin d'agrément présente une disposition particulière, évoquant les différents symboles de l'amour.

Villandry, Ussé

On ne peut quitter Langeais sans grimper sur le chemin de ronde, supporté par 270 mâchicoulis, d'où la vue superbe embrasse la Loire jusqu'au confluent de l'Indre et du Cher, qui mêlent leurs eaux paresseuses et luisantes. Les donjons se succèdent en chapelet, perchés sur une colline ou enchâssés dans une boucle de la rivière. Les côteaux s'écartent parfois du grand fleuve, remplacés par la plaine de riches alluvions qu'irriguent les affluents de la Loire.

Sur le Cher, mais un peu à l'écart, au bord d'une falaise crayeuse, Villandry n'a gardé de son passé aucune austérité : c'est sur ces lieux que Philippe Auguste et Richard Cœur de Lion ont signé un traité de paix; des constructions plus anciennes subsiste un donjon carré à ressaut englobé dans l'édifice actuel; il s'appelait alors le château de Colombiers. Lorsqu'il rachète la propriété en 1532, Jean Le Breton, secrétaire de François Ier, s'empresse d'y faire reconstruire une de ces merveilleuses demeures semblables aux palais royaux, mais plus simple : un corps de logis et deux ailes

dessiner les jardins qu'auraient aimés les Valois; avec un soin infini, consacrant à son œuvre toute sa fortune, il remodèle le paysage pour en faire ces parterres échelonnés sur trois terrasses. Merveilleux spectacle que ces arabesques de buis taillé, ces tapis de fleurs découpés comme une guipure ! De la première terrasse, la vue s'étend loin sur la vallée et, dans le bassin, se mire le bleu du ciel; à la deuxième terrasse, le jardin d'ornement est fait de massifs disposés selon les symboles et allégories qu'aimaient tant les hommes de la Renaissance pour parler d'amour. À la troisième terrasse, le potager ressemble à un damier aux couleurs vives; pampres, treilles, fontaines et jets d'eaux apportent leur fantaisie à la géométrie des surfaces et des lignes.

Comme Villandry, Ussé a été édifié sur une forteresse médiévale dont il n'a conservé que quelques traces, et chaque siècle lui a apporté son tribut de matériaux, de lignes et de formes nouvelles; mais ici les ajouts successifs, la multitude des toits, des clochetons, des lucarnes à pinacles ou des cheminées créent un décor féerique qui inspira Charles Perrault, au point qu'il en fit le château de sa Belle au bois dormant. La pierre blanche du donjon se réfléchit dans l'Indre et les terrasses fleuries lui servent de socle : c'est un bouquet de tourelles qui a la sombre forêt pour parure.

Le château a souvent changé de propriétaires; il a appartenu à d'illustres familles, les Bueil, les princes de Lorraine et de Savoie, les Rohan, à une fille de Vauban, à la duchesse de Duras. Chacun y a ajouté sa pierre avec bonheur, ce qui donne cet ensemble composite, où une façade du XVe siècle, encore militaire, s'allie avec trois corps de logis, gothique à l'est, Renaissance à l'ouest et classique au sud. L'aile nord, qui fermait la vue sur la vallée, a été supprimée au XVIIe siècle, tandis qu'on prolongeait le corps de logis ouest par un pavillon. Rarement ensemble a été plus disparate et plus harmonieux ! À gauche du château, à l'ombre des grands cèdres, dans un écrin de verdure, s'élève la collégiale d'Ussé, construite au XVIe siècle par René d'Espinay, l'une des plus jolies églises Renaissance de la Touraine. □

« J'ai fait arrêter toutes mes pendules pour ne plus entendre sonner les heures où vous ne viendrez plus », écrit la duchesse de Duras, châtelaine d'Ussé et nouvelle Belle au bois dormant, à Chateaubriand; celui-ci ne resta insensible ni au charme de son hôtesse ni à la beauté des lieux !

l'Indre et la Vienne

*Au château d'Azay-le-Rideau,
tout est encore gothique,
les croisées à meneaux,
les lucarnes ornées de pinacles,
les tourelles en encorbellement,
et pourtant
il flotte une atmosphère différente,
créée par la poésie des eaux
et la présence de la nature.*

Moins de grandeur et plus d'harmonie, moins de majesté et plus de tendresse : l'Indre et la Vienne n'ont certes pas la plénitude majestueuse de la Loire, mais leurs châteaux, pour n'être pas royaux, n'en ont que davantage de grâce.

L'Indre, on l'a souvent répété, est la plus charmante rivière de France; elle baigne des trésors d'architecture, Azay-le-Rideau, Cormery, Loches, Bridoré, et les écrivains ne se sont pas privés de la célébrer, parfois avec emphase ! Balzac compare la vallée à « une magnifique coupe d'émeraude au fond de laquelle l'Indre se roule par des mouvements de serpent ». Rivière charmante, mais aussi rivière paresseuse : elle folâtre en boucles et en détours, elle s'attarde dans les nénuphars, ici fait tourner un moulin et là se cache dans un boqueteau sombre, et même grossie de l'Indrois, elle ne rejoint que bien lentement, presque à reculons, la Loire.

Un financier et une femme d'affaires

Azay-le-Rideau, ce « diamant taillé à facettes » — encore Balzac, et cette fois nous sommes bien dans son pays — serti dans un îlot de verdure, est sur l'Indre le grand rival de Chenonceaux sur le Cher. Leurs destins sont étrangement comparables, également liés à un financier en faillite et à une femme d'affaires. Le financier s'appelle Gilles Berthelot : il est maître en la Cour des comptes, maire de Tours, et il prête de l'argent à la Couronne, en même temps que son cousin Semblançay. Par son mariage avec la belle Philippe Lesbahy, il reçoit une vieille bâtisse fortifiée, qu'on appelle couramment dans le pays Azay-le-Brûlé. En fait, son nom est Azay-le-Ridel, du patronyme de son ancien propriétaire, un chevalier tourangeau, Ridel, ou Rideau d'Azay; mais, brûlé par les troupes de Charles VII lors d'une rébellion, le château reçoit cette nouvelle appellation.

Brûlé ou non, Berthelot décide de réparer en 1518 la place, pour en faire le cadre digne de sa nouvelle fortune. Pendant huit ans, sa jeune femme surveille les travaux, qui sont colossaux en raison de l'incommodité des lieux : les eaux de la rivière s'infiltrent et plus de cent ouvriers travaillent à assécher les fondations et à planter des pilotis. Deux ailes en équerre sont déjà construites sous la direction de la belle Philippe, lorsque le tonnerre éclate dans ce ciel serein : Berthelot est impliqué dans la faillite de Semblançay et il doit s'enfuir précipitamment pour ne pas se balancer la corde au cou sous un gibet. Les chantiers sont suspendus, et le château, qui devait comprendre quatre ailes en angle droit, reste inachevé.

Un des attraits les plus neufs d'Azay-le-Rideau est l'escalier monumental à rampe droite, qu'éclairent sur quatre étages ces baies jumelées, ouvertes en loges à l'italienne.

Inachevé pour le bonheur de la postérité ! Azay est une souriante construction, point trop imposante, de proportions harmonieuses : plus d'épaisses tours d'angle mais des tourelles en encorbellement, plus de douves profondes mais la fraîcheur des bras de la rivière. Elle plaît par sa discrétion, ses croisées généreusement ouvertes, ses pilastres et ses moulures ; la loggia à trois étages dans le corps principal du logis abrite un admirable escalier à rampe droite. La décoration est délicate ; le chemin de ronde, les mâchicoulis sont là pour l'ornement et, discrètement sculptés, la salamandre et le chiffre de la reine Claude rendent hommage aux souverains. Hommage inutile puisqu'il n'épargne pas le châtiment : le château est confisqué en 1527 ; c'est souvent le lot de ces luxueuses demeures, soumises aux puissances de l'argent et aux appétits des princes ! François y fait quelques haltes, le temps d'une chasse, et donne la propriété au capitaine de ses gardes...

De nombreux propriétaires se sont succédé à Azay. Pour 200 000 francs, l'État achète le château au début du XIXe siècle et y installe un musée de la Renaissance. Son cadre de verdure et d'eau — les deux bras de l'Indre ont été réunis au XIXe siècle — en fait un des plus populaires châteaux de la Loire, que les sons et lumières font revivre chaque soirée d'été. Pour ceux qui voudraient en découvrir l'histoire d'une manière plus malicieuse et plus fantaisiste, Balzac a raconté avec une verve digne de Rabelais dans ses *Contes drolatiques* « comment feust basty le château d'Azay » !

En bons courtisans, les Berthelot ont fait sculpter la salamandre de François Ier crachant du feu, avec la devise Nutrisco et extinguo. *Azay est un bel exemple des efforts que l'État a entrepris pour remeubler les châteaux et leur rendre vie.*

La vallée du Lys

Balzac est inséparable de la belle Touraine. « Sans la Touraine peut-être ne vivrais-je pas », avoue-t-il. Elle a nourri son rêve et fortifié sa santé ; il s'y replie chaque fois qu'il se sent désemparé ou faible, sur l'ordre de son médecin.

À Saché, le cœur est saisi de nostalgie : pas seulement parce que le château est pour le héros du *Lys dans la vallée* « le mélancolique séjour plein d'harmonies trop graves pour les gens superficiels, chères aux poètes dont l'âme est endolorie », mais parce que la demeure est toute pleine encore de la présence vivante de l'écrivain. C'est dans la petite chambre, étroite comme la cellule d'un moine — « plus une âme est resserrée physiquement, plus elle jaillit vers les cieux » —, qu'il écrit, à grand renfort de café, quelques-unes des plus belles pages de *la Comédie humaine.* Souvent il oublie l'heure et brusquement la cloche du repas le fait sursauter : « Ils m'ont étranglé avec leur cloche », se plaint-il à Mme Carraud ! Mais comme il les aime, ses vieux amis Margonne, qui l'on fait sauter enfant sur leurs genoux et qui continuent de lui ouvrir année après année leur demeure...

Balzac y vient régulièrement entre 1829 et 1837 ; il s'y trouve même malade, mais déjà la vue de sa fenêtre le console, « le ciel est si pur, les chênes si beaux, le calme si vaste » ! Rétabli, il se promène comme son héros Félix de Vandenesse par les sentiers de chèvre au bord de l'Indre, en respirant les odeurs de chèvrefeuille, de jasmin et de clématite, en puisant dans le doux paysage à la lumière un peu voilée l'élément d'une description, un moulin piqué au milieu du fleuve, des toits de village bosselés. Le soir, dans le grand salon, il lit aux invités quelques passages du *Lys dans la vallée,* en arpentant la pièce de long en large et en prenant les accents intenses d'un comédien.

La vallée du *Lys* s'achève au petit village de Pont-de-Ruan, ou plutôt à Artannes-sur-Indre, au pied de l'église et du château. Mais la vigne, les frênes, les peupliers et les bouleaux, le paysage familier et cher à Balzac continuent d'accompagner la rivière dans ses méandres jusqu'au donjon carré de Montbazon. De là, la vue est fort belle sur les moulins tournant leur grosse roue au rythme lent des eaux, sur les prés ensoleillés semés de petits bourgs ramassés au pied de quelque vieille forteresse qui ne fait plus peur, Candé construit par les Briçonnet et où se célébra le mariage du duc de Windsor, la Tortinière, Vaugrignon, Le Puits d'Artigny...

Balzac est tourangeau par naissance,
et plus encore par amour :
« Ne me demandez pas
pourquoi j'aime la Touraine ;
je ne l'aime
ni comme on aime son berceau
ni comme on aime une oasis
dans le désert ;
je l'aime
comme un artiste aime l'art ! »

La table de Balzac, son écritoire,
sa cafetière, ses plumes, ses dessins,
ses lettres : toute sa chambre,
au château de Saché,
est encore empreinte de sa présence.

La duchesse de Montbazon — et on la comprend — a préféré à l'austère fief de famille, qui date de Foulques Nerra, la charmante gentilhommière aux tourelles d'ardoise de Couzières : les ombrages, la terrasse, le gazon, les eaux bruissantes de l'Indre qui courent au fond du parc incitent au repos et à la paix, et c'est d'ailleurs là que, par une chaude soirée de septembre 1619, Louis XIII et sa mère Marie de Médicis ont du bout des lèvres scellé leur réconciliation, devant des centaines de badauds accourus des environs, cachés dans les arbres et derrière les bosquets. Le cadre se prête surtout aux idylles : la duchesse de Montbazon y reçoit les visites galantes du bel Armand de Rancé, seigneur de Véretz, qui vient en voisin. La mort de la jeune femme victime d'une rougeole affecte tant son adorateur qu'il voudrait emporter avec lui, sur son cœur, la tête chérie de la défunte. Hélas, macabre détail, le corps de la duchesse, trop long pour le cercueil, a dû être décapité et il a déjà commencé à se décomposer ! Du moins la légende le veut ainsi ; pris de remords, Rancé serait entré à la Trappe.

L'Indre capte les eaux de petits ruisseaux ; elle baigne encore les ruines de l'abbaye de Cormery, les vieux murs d'Èvres, quelque bourgade enfouie dans les feuillages. Paysage tranquille et doux, lorsque, brusquement à Courçay, la vallée prend une allure romantique, encaissée entre des roches abruptes comme de petites falaises : une sorte de Touraine suisse ! L'impression ne dure qu'un instant ; après ce coup d'éclat, l'Indre somnole à nouveau dans les prés et retrouve son ampleur grâce à l'Indrois.

Tout modeste qu'il est, l'Indrois, venu du Berry, possède aussi sa guirlande de châteaux, Montrésor, Genillé, Luzillé... La vieille forteresse de Montrésor, droite sur son socle rocheux, a été élevée par les comtes d'Anjou, mais il ne reste du réduit du Moyen Âge que deux tours envahies par les buissons ; les étymologistes viennent au secours des historiens et des archéologues : selon eux, Montrésor signifie « Mons tres hort », c'est-à-dire « les trois enceintes » ; ce fut donc un point fortifié d'importance dans les guerres menées par les comtes d'Anjou ; d'autres historiens préfèrent croire que les bijoux, les hanaps d'argent et les plats d'or repoussé qui appartenaient à Sigismond de Pologne, hôte des lieux, ont donné son nom au château : mélancoliques trésors d'une monarchie défunte dormant dans les vitrines. Avec sa délicate collégiale gothique, le logis seigneurial a toutes les grâces de la Renaissance, et le village qui s'étale à ses pieds est un des plus charmants de la Touraine.

Au confluent de l'Indrois et de l'Olivet, un comte d'Anjou planta un donjon sur une colline rocheuse ; au XVIe siècle, Imbert de Basternay abandonna cette place d'armes pour édifier à côté cette charmante construction Renaissance, flanquée de tourelles.

La belle Agnès à Loches

À Loches règne sans conteste la Dame de Beauté, Agnès Sorel. Jeanne d'Arc y séjourna aussi, mais l'image de la Pucelle est éclipsée par celle d'Agnès, sa contemporaine, qui à sa manière donna une impulsion décisive au renouveau du royaume lorsqu'elle devint, vers 1443, la maîtresse en titre du roi. Titre d'ailleurs fort nouveau dans l'histoire de France, et promis à un bel avenir, que celui de favorite royale !

Loches est après Chinon la seconde des places fortes que possède Charles VII, le petit roi de Bourges. Elle fut déjà au cœur de la lutte entre Capétiens et Plantagenêts. Avec ses deux kilomètres d'enceinte, elle constitue un ensemble militaire considérable qui s'appuie sur un éperon rocheux au-dessus de l'Indre. Outre le vieux donjon des comtes d'Anjou, le fort du Martelet (qui date du XVe siècle) se dresse sur plusieurs étages de souterrains et de cachots, et la tour Ronde de Louis XI consolide les fortifications au point précis où se rejoignent les enceintes de la ville, du donjon et du château, permettant ainsi plusieurs angles de tir.

Foulques Nerra a fait de Loches ce redoutable point d'appui contre les comtes de Blois. Bâti sur la proue d'un socle rocheux, le donjon carré est entouré d'une puissante enceinte, renforcée par le Martelet ; on aperçoit, sur le flanc, la porte Royale, mais les toits pyramidaux de la collégiale Saint-Ours cachent, à l'autre pointe du promontoire, le Logis royal.

Un porche de style angevin protège cet admirable portail roman de la collégiale Saint-Ours ; les voussures sont sculptées de monstres inquiétants d'une polychromie délicate, mais la partie haute, la Vierge et les mages, est très détériorée.

On pénètre dans cette cité cuirassée de pierre par une porte fortifiée située à l'ouest, tandis que, de l'autre côté, la basse-cour est assez vaste pour héberger le corps de garde. Le château royal, à proprement parler, accompagné de sa collégiale Saint-Ours, se situe à l'opposé du réduit fortifié et domine la forêt et les prairies de la vallée de l'Indre. Seules les vieilles salles existent du temps de Charles VII ; les nouvelles, beaucoup plus gracieuses, seront construites cinquante ans plus tard pour Anne de Bretagne. C'est dans la partie ancienne que s'élève la Tour de la belle Agnès, mais ses restes ont été transférés dans le Nouveau Logis : sur un soubassement de marbre noir, une dalle de marbre blanc sert de lit à la gisante en surcot d'hermine ; elle a les pieds posés sur deux agneaux, symbole de douceur, et des angelots semblent la veiller. Ainsi repose celle qui fut « piteuse envers les gens, et largement donnait de ses biens aux églises et aux pauvres ». Sa dépouille était autrefois dans la collégiale, mais les

Le vieux Logis royal, inconfortable, est prolongé hardiment sur l'éperon rocheux par des salles nouvelles où se trouve cet oratoire d'Anne de Bretagne, aux fines arcatures ; des mouchetures d'hermine et la cordelière, qui deviendra l'emblème des veuves, sont sculptées sur les murs.

C'est peut-être chez René d'Anjou, à Saumur, que Charles VII rencontra Agnès Sorel. Elle tirera le roi de son indolence — cette indolence qu'a si bien rendue ici Fouquet — et conduira avec lui la politique du pays.

révolutionnaires de 1793 tailladèrent sa statue en la prenant pour celle d'une sainte !

À Loches, Charles VII, enfin délivré des Anglais, vit des années de bonheur avec Agnès. Tel que nous le montre Fouquet, avec son pourpoint violet et ses épaules rembourrées, il ressemble au parfait chevalier. Agnès, elle, appartient à une bonne famille tourangelle. Blonde, le front haut, le nez fin, c'est « une des plus belles femmes que vit oncques », assure le chroniqueur Olivier de La Marche. Et il suffit pour s'en convaincre de contempler la merveilleuse Vierge que Fouquet a peinte en lui empruntant ses traits.

Le roi l'a connue lorsqu'elle était demoiselle d'honneur d'Isabelle de Lorraine, épouse du roi d'Anjou. Sa beauté l'a séduit, mais également son intelligence, car Agnès sait s'entourer d'hommes de qualité. Le roi

Agnès Sorel nous dérobe ici ses traits : ce gisant de marbre blanc a été martelé en 1793, et la tête de la statue a été reconstituée d'imagination. Mais elle reste un symbole de pure beauté, dont la blancheur contraste avec le marbre noir du tombeau.

la comble de dons, il lui offre la seigneurie de Beauté-sur-Marne, dont elle porte si bien le nom, et d'autres fiefs en Berry et en Normandie ; contre tout usage, il la traite en princesse de sang royal : elle loge au château même — l'épouse, la reine Marie d'Anjou demeure à Tours ou à Chinon — et ses appartements sont aménagés avec les plus belles tapisseries, les plus belles tentures. Elle porte des parures royales, des diamants ; la traîne de ses robes garnies de fourrure dépasse celle de toutes les autres nobles dames.

On discute aujourd'hui pour savoir quel fut le rôle d'Agnès Sorel, sa place exacte auprès de Charles VII. Intrigante ambitieuse ou ange gardien du royaume ? Un chroniqueur, bourgeois de Paris, s'indigne de son immoralité : « Elle découvrait les épaules et les seins devant jusqu'aux tétins. » Et l'évêque Jouvenel des Ursins tonne de rage devant sa prodigalité, son indécence, sa soif de luxe ; il l'accuse de tous les vices et, surtout, d'incitation à la débauche, par l'influence qu'elle a prise sur les bourgeoises, qui ressemblent à « de vieilles mules parées pour le marché »... Agnès a beau distribuer des aumônes et multiplier les donations, les censeurs continuent à hurler au scandale. Ils ne lui pardonnent pas de bousculer l'image traditionnelle, effacée et soumise qu'ils attendent des femmes.

Agnès aime le luxe, c'est certain. Elle est une des meilleures clientes de Jacques Cœur, auquel elle achète de magnifiques soies et fourrures. Mais elle sait s'entourer d'esprits neufs, ouverts au progrès, qui vont travailler à la prospérité du royaume. Là est son plus grand mérite : Michelet lui attribue le salut de la France ! Vouant au roi un amour sans faille, que ses défenseurs les plus acharnés ont voulu chaste, elle suit Charles VII dans ses déplacements. Elle lui donne trois filles ; pour la quatrième fois elle est enceinte, tandis que son royal amant guerroie en Normandie. Elle veut le rejoindre au plus vite lorsque d'épouvantables douleurs au ventre la saisissent alors qu'elle fait étape à Jumièges. Poison ? Dysenterie ? La jeune femme est emportée de façon foudroyante. Ses restes sont inhumés dans un apparat royal, le cœur et les entrailles enterrés à Jumièges, le corps rapporté à la collégiale de Loches. Quelques mois plus tard, le roi se consolera en compagnie d'une nièce de la belle Agnès.

Le luxe de ses toilettes, sa hardiesse à découvrir les épaules et le sein choquèrent beaucoup les contemporains. Intelligente et belle, Agnès Sorel inaugure le règne d'une féminité triomphante.

Les fillettes de Loches

Avec la pacification du royaume, un ensemble militaire tel que Loches perd progressivement sa raison d'être. Peu confortable malgré les aménagements, une partie du château est convertie en prison. Et quelle prison ! Ici la légende et l'histoire s'entremêlent, et les historiens se disputent : le cardinal d'Angers La Balue a-t-il été, oui ou non, enfermé à Loches dans une cage de quelques mètres cubes, durant plusieurs années ?

La Balue est le fils d'un tailleur poitevin, entré dans les ordres. Devenu favori de Louis XI, il est élevé à la dignité de cardinal et fait partie du Grand Conseil. Mais,

L'Indre musarde sous les bois. Pour goûter son charme, il faut quitter les grandes routes et savoir vagabonder. Stendhal, trop pressé, ne sut voir qu'« une plaine plate, un ruisseau pitoyable ».

sa faveur commençant à décliner, il décide en 1469, avec la complicité de l'évêque de Verdun, de se lancer dans une politique de double jeu auprès du duc de Bourgogne, avec l'idée d'offrir ensuite au roi ses services de médiateur. Par malheur pour lui, les gardes du roi surprennent un de ses émissaires et le roi, prévenu, fait aussitôt arrêter les deux prélats. La Balue est transféré à Montbazon, puis enfermé au château d'Onzain près de Blois dans une cage de fer. De là, la cage aurait été transportée à Loches.

La tour Ronde de Loches a conservé jusqu'à la Révolution deux de ces fameuses cages que nous connaissons grâce à des dessins et descriptions du XVIIe siècle. Elles se présentent sous l'aspect d'un cube de deux mètres environ d'arête, les parois sont constituées d'un treillis de bois renforcé de fer. Un petit guichet sur le côté permet de passer de la nourriture au détenu et, dans la porte arrondie, est aménagée une ouverture où l'on place un bassin : c'est là que « se mettait le prisonnier pour décharger son ventre ». Des documents d'archives indiquent que la cage pouvait être montée sur pivot, afin de faire tourner le prisonnier et de surveiller ses moindres gestes. La cage de Loches était accrochée à cinq pieds du sol, et l'on montre encore les arrachements des crampons de fer qui la soutenaient. Quant aux fillettes, c'étaient de grosses chaînes ferrées en forme d'anneaux qui retenaient le prisonnier : on les appelait fillettes, comme les filles de joie, parce que le prisonnier vivait jour et nuit avec elles...

La Balue fut-il l'hôte forcé de la tour Ronde ? Ce n'est pas sûr, car les chroniques mentionnent les prisons d'Onzain, Plessis-lès-Tours, Amboise, mais pas celle de Loches. Les cages en tout cas ont bien existé, étant utilisées dès le XIIIe siècle en Italie ; et Commynes raconte en avoir tâté pendant huit mois. Les registres des comptes de l'hôtel de ville de Tours mentionnent le prix des ferrures, des huisseries et des lattes de bois.

Le Martelet fut bien, sans contestation possible, une sinistre prison. De lugubres cachots sont aménagés dans plusieurs étages de souterrains. Là croupirent des évêques et des seigneurs rebelles comme le père de Diane de Poitiers, ainsi qu'un illustre captif étranger, le duc de Milan, Ludovic Le More, pris à Novare en 1500. Cet humaniste raffiné, « à la cour duquel on discutait librement et à outrance de toutes sortes de sujets », finit ses jours dans ce réduit de quelques mètres carrés, trompant les heures en décorant murs et plafonds d'un semis d'étoiles pour rappeler la voûte céleste, et en gravant cette émouvante inscription, bien lisible : « Je m'arme de patience par force de peine que l'on me fait porter. »

Oublions les cachots, les cages de fer, les instruments de torture pour remonter au soleil. Loches est une des plus jolies villes de France, avec son enchevêtrement de toits, ses vieux hôtels et ses petites rues. Du Logis royal délicatement ouvragé à la fin du XVe siècle, la vue s'étend loin sur les jardins, la campagne et les frondaisons de la forêt. Agnès aimait descendre de son donjon pour galoper dans les sentiers forestiers, ou pour se recueillir à l'abbatiale de Beaulieu, dont le beau clocher roman domine le paysage.

L'Indre qui devient berrichonne coule avec nonchalance entre les bordures de roseaux et les bouquets de saules, paradis des pêcheurs méditatifs ; elle lèche le pied d'une vieille tour, d'une église, d'un petit hameau qu'elle reflète, et conduit le voyageur à son rythme paresseux à la lisière de la province, sous l'imposante forteresse de Bridoré, qui sert de porte à la Touraine : le château fut sans doute un redoutable point de défense pendant la guerre de Cent Ans, et la légende l'a nommé le château de Barbe-Bleue parce qu'il fut le fief du terrible Gilles de Rais ; Bridoré est devenu aujourd'hui le paradis des phlox, des glaïeuls et des touffes de buissons qui verdoient entre les créneaux des remparts.

Chinon, de grand renom

Des coteaux modérés, des vignobles, de bons prés où coulent les eaux paisibles de la Vienne remise des péripéties du Limousin : c'est la patrie de Descartes et de Rabelais, de saint Martin et de saint Grégoire de Tours. Une contrée pleine de mesure, où l'on ne verra point de ces châteaux « carte postale » aux parterres précieux, mais de solides et belles demeures blanches qui abritent de bons vivants, au rire gaulois, toujours prêts à offrir à leurs hôtes quelque succulente fouace.

La reine de la Vienne est Chinon, dont la couronne de pierre surmonte la vallée. Là, une petite bergère redressa le cours de l'histoire. La forteresse, qui ressemble à celle de Loches, défend les frontières de l'empire angevin. À l'intérieur de cette carapace de pierre, trois châteaux séparés par des fossés profonds dressent leur masse redoutable : le fort avancé de Saint-Georges, le fort du Milieu, le fort du Coudray élevé par Philippe Auguste. À l'extérieur, les enceintes déploient le traditionnel arsenal militaire, tours d'angle, mâchicoulis, barbacanes, chemise, contrescarpe, pont-levis.

Sur 400 m de longueur
et 70 m de largeur,
Chinon étale ses puissantes défenses
au-dessus de la Vienne.
À la pointe est, la tour de l'Horloge,
construite sous Philippe Auguste,
sert d'entrée
menant au château du Milieu
construit sur l'enceinte.
C'est Philippe Auguste qui reprit
en 1205
la place aux Anglais.

Paradis des pêcheurs,
la Vienne poursuit son cours paisible
en faisant tourner les moulins :
rien semble n'avoir changé
depuis des siècles.

Le mardi 8 mars 1429, alors que les lueurs rougeâtres du soleil couchant strient le ciel, une dizaine d'archers grimpent le sentier raide qui mène de la ville au château. Le petit groupe pénètre à l'intérieur de l'enceinte par une poterne qui conduit au fort Saint-Georges, puis franchit le pont-levis, et, par la porte ogivale de la tour de l'Horloge, accède au château du Milieu, la demeure du roi Charles VII. Dans le cortège, une toute jeune fille venue de Domrémy par Gien et Sainte-Catherine-de-Fierbois : elle porte le costume d'un écuyer, courte robe grise et chaperon de laine noire, longues chausses. Ses cheveux sont coupés en rond, et elle prie en gravissant la pente. Aux questions des sentinelles, elle répond avec assurance qu'elle veut voir le roi.

Charles VII hésite à recevoir cette étrange paysanne, nommée Jeanne, qui se prétend investie de mission céleste. Si c'était une espionne des Anglais ? Des conseillers comme La Trémoille flairent un piège, une imposture. Pourtant Charles décide d'accorder l'audience mais, pour éprouver la jeune fille, il se dissimule dans la foule de ses courtisans, vêtu comme eux.

L'audience a lieu dans la grande salle du flanc est du Logis royal, vaste pièce de 27 mètres sur 9, éclairée par trois baies, où l'on pénètre par un petit escalier. Les lieux, avec le mur du fond où s'encastre une haute cheminée, sont encore aisément reconnaissables. Comme la nuit avance, on fait allumer cinquante torches ; trois cents hommes d'armes et seigneurs sont rassemblés dans la salle. La petite bergère est introduite ; sans timidité, elle s'approche de l'estrade royale, mais elle se détourne : là n'est pas le roi. Elle fend alors la foule des seigneurs et s'arrête avec assurance devant un jeune homme assez chétif, devant lequel elle s'incline :

« Gentil Dauphin, j'ai nom Jehanne la Pucelle, et vous mande le Roi des Cieux par moi, que vous serez sacré et couronné dans la ville de Reims, et serez le lieutenant du Roi des Cieux, qui est le Roi de la France. »

Embarrassante situation : soupçonneux, Charles fait interroger Jeanne par des clercs, puis satisfait, il accepte de loger la Pucelle dans une tour du château du Coudray. Plusieurs entretiens se déroulent dans les jours qui suivent, dont il ne ressort rien. Charles reste méfiant ; il envoie la vaillante fille à Poitiers, où elle subit de nouveaux interrogatoires. Que de temps perdu, alors que le brave Dunois appelle à l'aide ! Trois semaines passent en incertitudes, en avis contraires. Enfin, le 20 avril, réduit aux expédients, Charles VII finit par donner à la Pucelle une armure et une petite colonne de soldats. Elle part aussitôt par la vallée de la Vienne puis de l'Indre, où elle fait une courte halte dans la vieille citadelle d'Azay. Elle arrive à Tours le 25 avril et, dix jours plus tard, par surprise, elle délivre Orléans. Le succès, réel, a une portée symbolique : l'espoir renaît dans les cœurs. Chinon, petite ville de grand renom...

Naïve, expressive, cette tapisserie du XVe siècle évoque l'arrivée, en mars 1429, de Jeanne et de sa petite escorte sous les murs crénelés de Chinon ; faible, livré à l'influence de sa cour, Charles hésitera à la recevoir.

Cette haute cheminée, entre des pans de murs lézardés, est tout ce qui reste de la grande salle — démolie sur les ordres de Richelieu — où Jeanne reconnut le roi ; et, pourtant, sur ce sol qu'a foulé la Pucelle, on n'a aucune peine à se représenter la scène : 300 hommes d'armes éclairés par des torches s'écartent pour laisser passer la jeune fille.

Une guerre picrocholine

Rue de la Lamproie à Chinon. Pourquoi distinguer parmi les ruelles pittoresques du vieux Chinon, bordées de maisons à colombages, cette petite auberge qui porte une plaque à destination du touriste ? Là habita Antoine Rabelais, avocat au siège royal de Chinon, notable de la ville. Selon certaines traditions, son épouse aurait mis là au monde, en 1493 ou en 1494, un bébé prénommé François, qui enfantera un géant de la littérature, Gargantua. Selon d'autres traditions, François Rabelais est né à cinq kilomètres de la ville, dans une métairie que possédait son père, au sud de la Vienne sur la paroisse de Seuilly, la Devinière.

La vieille maison, modeste, existe toujours, recouverte de son toit d'ardoise et transformée en musée. Une salle au rez-de-chaussée est ornée d'une cheminée monumentale. On accède au premier étage par un escalier extérieur en pierre abrité par un auvent que soutiennent de petites colonnes : là est la chambre de François Rabelais. Autour de la maison s'étendent les prés, les labours et les vignes, traversés de chemins fleuris. L'œuvre de Rabelais se déroule là, entre le chemin de Lerné, l'abbaye de Seuilly, La Roche-Clermault, les hautes tours du château du Coudray-Montpensier, et l'illustre monastère de Fontevrault, qui a peut-être servi au tableau fantaisiste de Thélème. On peut suivre, livre en main, toutes les étapes de la terrible guerre picrocholine, qui opposa les fouaciers de Lerné aux bergers de Seuilly, dans les champs de luzerne et de topinambours : cette guerre de géants tient dans la vallée du Négron... Picrochole vaincu quitte les lieux comme on quitte un paradis terrestre, et s'enfuit vers l'Île-Bouchard, porte de la Touraine.

Un de ces paradoxes si courants de l'histoire veut que le plus modeste bourg de l'épopée rabelaisienne demeure pour des yeux contemporains tout plein de vie et de souvenirs, et que le somptueux château de Richelieu, non loin, et la ville tirée au cordeau qui le borde ne soient que cimetières de souvenirs... Le château a disparu, démoli et vendu pierre par pierre ; mais, dans le parc aux allées régulières, se dresse encore fièrement la statue du Cardinal, hôte des lieux qui accueille les visiteurs. Quant à la ville, ce fut certainement « le plus beau village de l'univers », assurait La Fontaine, qui ajoutait malicieusement : « Les dedans ont quelques défauts ; le plus grand c'est qu'ils manquent d'hôtes ! » Cette étrange cité morte demeure un magnifique exemple de l'urbanisme classique.

Quittons la Touraine sur un dernier spectacle, le plus beau peut-être, empreint de la spiritualité de saint Martin : au pied de Candes, les eaux de la Vienne rejoignent les vagues moirées de la Loire, noces bénies de deux cours d'eau sous les contreforts de la vieille église. Là mourut saint Martin ; Tourangeaux et Poitevins se disputèrent sa dépouille et, pendant la nuit, les moines de Touraine enlevèrent avec d'infinies précautions le corps du saint, pour le transporter en barque, par le fleuve, jusqu'à la ville de Tours. □

Ce portrait anonyme de Rabelais, sous son bonnet de docteur, est très expressif : dans la bouche sensuelle, on décèle l'amour de la vie, le rire, la générosité, mais aussi, dans le haut front et le regard perçant, l'impitoyable lucidité et les exigences de l'écrivain.

blanc et noir, l'Anjou

Pureté de l'architecture,
netteté des lignes,
contraste du schiste et du tuffeau :
le château de Serrant,
encadré de douves,
est un des plus beaux châteaux
d'Anjou.
Il a été édifié
sur des plans de Philibert Delorme,
mais sa construction s'est prolongée
jusqu'au XVIIIe *siècle.*

DU BELLAY a raison, la douceur angevine existe bien. La province respire la gentillesse, la bonhomie, une allégresse pétillante qu'elle doit à ses vins, à l'air parfumé de la mer, à la gaieté de ses moulins. Elle séduit plus qu'elle n'impose : pas de monument écrasant ni de paysage qui oppresse. L'Anjou sent un peu l'Italie. Ses châteaux, moins pompeux que ceux de Touraine, sont à la mesure de l'homme. Beaucoup, demeurés dans la même famille, ont conservé leurs meubles, tels Brissac, Boumois, Montgeoffroy et bien d'autres ; certains sont dignes de rivaliser avec les plus beaux châteaux royaux, tel Serrant coiffé de coupoles, encadré de douves, dont la terrasse arrondie descend avec majesté jusqu'au miroir d'un vaste étang.

C'est en Anjou, disait Clemenceau, que la France est le plus la France ; c'est en Anjou aussi, peut-on ajouter, que la France pénètre en Bretagne, grâce à la Loire. Pays de confins noir et blanc : l'ouest appartient déjà à la Bretagne, avec son granite et ses schistes noirs qui s'harmonisent au gris du ciel chargé des nuages de la mer ; à l'est triomphe encore le calcaire blanc, hérissé de vignobles, où les petits bourgs coiffés d'ardoise émergent d'un vallon. Pays de contrastes également d'une rive à l'autre : les falaises et les coteaux escarpés, que creusent les habitations troglodytes de la rive gauche, font face aux plaines ouvertes de la rive droite.

Sentinelle au confluent de la Loire et de la Vienne Montsoreau fut au Moyen Âge un point stratégique Le château actuel a été construit par Jean de Chambes grand veneur du roi, en 1420 il était alors complètement entouré d'eau

Le château de Brissac est un bel exemple de la continuité des lignées : ici, la chambre dite « de Mortemart » — du nom d'une grand-mère maternelle d'un duc de Brissac — est admirablement meublée d'un mobilier Louis XIII et ornée de tapisseries classiques à sujets mythologiques.

Sanglant fait divers à Montsoreau

C'est à Montsoreau, bâti au-dessus d'un village de pêcheurs pour surveiller la route du Poitou, en face de Candes la tourangelle, qu'on aborde l'Anjou. La tour de l'escalier à vis, le décor de pilastres, la façade du XVe siècle, la vue étagée suffiraient à rendre célèbre ce charmant château Renaissance, si un romancier de génie, Alexandre Dumas, n'avait immortalisé son nom à partir d'un sanglant fait divers. Au vrai, l'histoire de *la Dame de Montsoreau* se déroule à quelques kilomètres de là, sur l'autre rive, au château de Coutancière.

Le seigneur de Montsoreau, Charles de Chambes, gouverneur de Saumur en 1572, a épousé une des plus jolies femmes de l'Escadron volant de Catherine de Médicis, Françoise de Méridor, rebaptisée Diane par Alexandre Dumas. La jeune femme, mariée en 1576, se produit à la cour, où elle attire l'intérêt d'un favori du frère d'Henri III, Bussy d'Amboise. Dépeint par Dumas, ce Bussy est un généreux, brave et bel homme, ce que les annales semblent contredire; mais peut-être Françoise, alias Diane, le vit-elle avec les yeux du romancier! Bussy est admis dans l'intimité de la dame de Montsoreau, il fait de fréquentes visites au château de Coutancière, où la jeune femme se repose des fêtes de la Cour. Un jour, avec une fatuité bien masculine doublée de mauvais goût, le galant écrit à un ami : « J'ai tendu des rets à la biche du grand veneur et je la tiens dans mes filets. » Le billet tombe dans les mains de Monsieur, qui, pour s'en amuser, le montre à Henri III, lequel s'empresse de le remettre au mari. Celui-ci saute sur son cheval et galope à Coutancière, où Diane manifeste surprise et joie de revoir son tendre époux. Mais Montsoreau n'est pas convaincu, et il contraint ladite biche de donner rendez-vous par billet à Bussy. Le pauvre Bussy, sans méfiance, se jette dans le piège : le 18 août 1579, il accourt au château, où l'attendent, cachés, dix serviteurs armés jusqu'aux dents; Bussy se défend bravement, mais Montsoreau tire le coup fatal. Les pistolets sont encore chauds lorsque Françoise se jette dans les bras de son mari : ils vivront heureux et auront six enfants...

Un genêt au chapeau

Tout naturellement l'Anjou, fief du redoutable Foulques Nerra, s'est couvert de châteaux : point de forteresses qui n'évoquent quelque souvenir du César angevin; on lui en attribue une vingtaine, entre Anjou et Touraine, dont il ne reste parfois pas une pierre. À dire vrai, ce sont ses forfaits, autant que son œuvre de bâtisseur, qui ont rendu célèbre Foulques : avidité, brutalité, superstition, il a tous les traits des barons du temps poussés à l'extrême; il rachète par une offrande ou un pèlerinage un viol ou un assassinat et ses repentirs sont aussi publics que ses crimes ! On a retrouvé en 1870 en l'abbaye de Beaulieu des ossements qui semblent être les siens.

Terribles siècles de fer, où la violence se mêle à la dévotion. Au XIIe siècle, les comtes d'Anjou ont entendu l'appel du pape à se croiser et ils donnent libre cours à leurs appétits brutaux en devenant soldats de Dieu. Geoffroy Plantagenêt, qui porte une fleur de genêt au chapeau, prend la croix, suivi des chevaliers angevins. Autoritaires, insolents, passionnés, ces hommes sont

Montreuil-Bellay domine la verte vallée du Thouet. Remanié au XIIIe siècle, agrandi au XVIe, il a été restauré au XIXe siècle par un élève de Viollet-le-Duc, qui fit preuve de quelque fantaisie en rénovant la façade gothique !

L'abbaye de Fontevrault, fondée par Robert d'Arbrissel, accueillit moines, religieuses, veuves et filles repenties. Prolongeant le réfectoire, l'extraordinaire cuisine, qu'abrite cette coupole octogonale d'air byzantin, devait pourvoir, avec ses huit foyers, aux besoins d'une communauté de 5000 membres !

Des saccages de la Révolution, les quatre gisants des Plantagenêts ont été épargnés ; on voit ici, dans le transept de droite de l'abbaye de Fontevrault, Aliénor d'Aquitaine et Henri II, non loin sont les tombeaux de Richard Cœur de Lion et d'Isabelle d'Angoulême. Le gouvernement britannique a réclamé leur transfert à Westminster.

aussi préoccupés de leur salut ; ils font des donations aux abbayes et fondent toutes sortes d'hôpitaux, les léproseries de La Flèche et de Saint-Lazare, l'hôpital Saint-Jean d'Angers, tout en guerroyant avec brutalité.

Geoffroy a gardé l'humeur conquérante de ses ancêtres et son cri de guerre « Vallée ! » retentit dans la plaine d'Anjou. Les vassaux rebelles n'ont qu'à bien se tenir ! Les seigneurs du Bellay se croient-ils invulnérables, à l'abri de leur épais donjon que protègent le Thouet et ses profonds ravins ? Geoffroy n'hésite ni sur les moyens ni sur le temps pour les faire céder : il fait combler les fossés, construire des tours, que ses hommes amènent sur des rouleaux jusqu'au pied des remparts ; des projectiles sont catapultés contre la muraille, ouvrant les brèches qui vont permettre aux soldats de s'engouffrer. Le donjon tient encore ? La famine aura raison de la résistance. Fait prisonnier, le sire du Bellay est conduit sous bonne garde à la forteresse d'Angers. Il faudra l'intervention du pape et de saint Bernard pour obtenir sa libération. Soumis, rendus à leurs terres, les seigneurs du Bellay mourront lance au point à Azincourt pour défendre leur province. Quant au château, dont les tours avaient été en partie démantelées, il prendra au cours des siècles cette allure délicieusement désordonnée qu'on lui connaît, avec son vieux châtelet, le petit château du XVe qui enferme une cuisine digne de Gargantua, et le ravissant Logis neuf, aux marches si douces qu'elles peuvent être gravies à cheval.

Aux Plantagenêts, l'Anjou doit une courte et extraordinaire prospérité, dont les traces sont encore visibles dans cette architecture bien particulière, mi-romane mi-gothique, que l'on remarque çà et là, sur un pont, une église, un château ou des halles et qui signale leur marque. L'organisation d'un État puissant est surtout le fait du fils de Geoffroy, Henri II Plantagenêt. L'irrésistible ascension de ce jeune vassal du roi de France prend un tour décisif lorsque le concile de Beaugency décide d'annuler le mariage de Louis VII et d'Aliénor d'Aquitaine, en 1152 : à peine deux mois plus tard, la belle Aliénor offre sa main et son domaine à Henri d'Anjou, de dix ans son cadet. Bien qu'Henri soit le vassal du roi de France, il ne se préoccupe nullement d'obtenir son consentement et il ne se rend même pas devant la cour capétienne, où il est convoqué. Plus puissant que son suzerain, il règne grâce à son mariage sur les deux tiers de la France : Anjou, Normandie, Aquitaine, Maine et Poitou, Auvergne, Touraine. Deux ans plus tard, en 1154, les jeux de la succession le font devenir roi d'Angleterre, sous le nom d'Henri II.

Le couple fait bénir son union dans la magnifique abbaye de Fontevrault fondée par le prédicateur Robert d'Arbrissel. Les Plantagenêts couvrent l'abbaye de bienfaits et c'est là, sous les admirables voûtes romanes, qu'ils choisissent de reposer dans la paix éternelle. La monarchie capétienne fait bien pauvre figure devant la magnificence des souverains anglais. Mais l'adresse de Philippe Auguste, qui fait habilement valoir ses droits de suzeraineté, et les sanglantes luttes de famille affaiblissent la dynastie des Plantagenêts. En 1204, favorisant les révoltes des vassaux et jouant des rivalités entre frères, Philippe Auguste arrache l'Anjou aux Anglais. La province sera érigée en comté, puis accordée par Louis IX à son jeune frère Charles, de sorte que, du XIIIe au XVe siècle, des princes Capétiens puis Valois portent la couronne d'Anjou. La querelle n'est pas terminée pour autant : Anglais et Français s'y disputeront la suprématie jusqu'à la fin de la guerre de Cent Ans.

Quelles épreuves alors pour l'Anjou en proie à la peste, à l'insécurité, aux guerres ! Les forteresses sont assiégées, comme Saumur au cœur de tous les combats ; Yolande d'Aragon, qui s'y installe, en fait l'âme de la résistance, citadelle blanche au-dessus de la verte colline. Telle qu'elle est encore aujourd'hui, on croit voir une de ces magnifiques enluminures des *Très Riches Heures du duc de Berry,* avec ses tourelles qui surmontent les vieilles tours rondes datant de Saint Louis. Le château a été plusieurs fois reconstruit, ou restauré, fortifié au XVIe siècle, mais sans doute Yolande d'Aragon le jugea-t-elle inconfortable, et elle préféra s'installer dans ce charmant hôtel que la tradition a appelé l'hôtel de la Reine de Sicile ; son fils, René, né en 1409 au château d'Angers, héritier d'une lignée de mécènes, y séjournera en revanche à plusieurs reprises : ce cadre flamboyant, avec les clochetons ciselés, les toitures de plomb qui s'ornent de fines superstructures, fleurs de lys et girouettes dorées rendant « grandes lueurs quand le soleil luisait dessus », ce cadre est bien fait pour plaire au bon roi René, dernier souverain d'Anjou avant que la province ne retourne définitivement à la couronne de France.

*Il fait aussi bon vivr
à la cour du roi Ren
qu'à la cour de son oncl
Jean de Berr
et Saumur vaut bie
Mehun-sur-Yèvre
On festoie autour du seigneu
tandis qu'au dehor
les chevaliers se mesuren
en tournoi ; les combat
se succèdent toute la journée*

Louis Ier d'Anjou voulut rivaliser de splendeur avec ses deux frères, Charles V et Jean de Berry, en édifiant, sur le socle de la vieille forteresse de Saumur, cette envolée de tours, tourelles, pignons aux toitures de plomb (miniature des Très Riches Heures du duc de Berry).

René d'Anjou, « ardent désir »

On ne doit à René d'Anjou, comte de Provence, ni grande conquête ni fait d'arme. C'est un assez piètre homme politique, sans argent ni ténacité. Les projets les plus aventureux traversent son esprit. Ne songe-t-il pas à reprendre le royaume de Naples et à reconquérir le royaume de Jérusalem ? Et pourtant ce rêveur va laisser à l'Anjou mieux que des conquêtes, une réputation de culture, de douceur, d'art de vivre.

Esthète, épicurien, René est lui-même un artiste : il se consacre à l'enluminure, à la poésie, au théâtre ; il écrit *le Livre du cœur d'amour épris,* et, à travers les fêtes et les parades, il tente de ressusciter l'idéal chevaleresque dans son cérémonial et son raffinement ; tambours, ménestrels, esclaves maures vêtus de robes sarrazines et de turbans, animaux exotiques, fous et folles, singes habillés de satin donnent à sa cour un somptueux air d'Orient ; les courtisans portent de magnifiques costumes et lui-même s'habille à la turque de tuniques de drap d'or brodées de lettres morisques. Plus que tout, René, qui a créé l'ordre de la Chevalerie du Croissant, se plaît à organiser joutes et tournois, auxquels prennent part les beaux seigneurs de sa suite. Les joutes de Saumur, pour l'entrée de sa seconde femme Jeanne de Laval, durent quarante jours, ponctués de jeux dramatiques et de tableaux vivants. Les chevaux caracolent, les seigneurs ont revêtu leurs armures brillantes et sonnent les fanfares ; René est en armure noire, sur un cheval caparaçonné d'une housse noire : il gagnera le prix à la « joute du pas ».

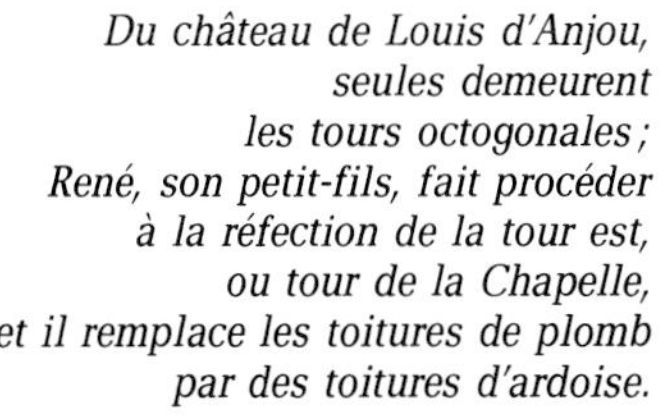

Du château de Louis d'Anjou, seules demeurent les tours octogonales ; René, son petit-fils, fait procéder à la réfection de la tour est, ou tour de la Chapelle, et il remplace les toitures de plomb par des toitures d'ardoise.

Cet homme, qui semble si soucieux de mise en scène, aime éperdument la nature, ce qui le rend moderne et proche de nous :

il abandonne souvent ses grosses forteresses pour habiter dans des demeures champêtres, ces petits manoirs qu'il a fait aménager près de Saumur ou d'Angers : Launay, Chanzé, Beaufort, Baugé, les Rivettes, Reculée, relais de chasse dans la forêt du Baugeois, closerie ou résidences au cœur d'exploitations viticoles. Il participe aux plans des constructions ; à Reculée, il a probablement orné la chambre aux Groseilles rouges et la galerie aux Chaufferettes, où figure sa devise : *Ardent désir.* « Il prenait récréation, note un chroniqueur, et modeste plaisir comme planter, enter arbres, édifier tonnelles, pavillons, vergers, faire bêcher et parfondir fossés, viviers et piscines pour nourrir poissons, avoir oiseaux de diverses manières pour en leurs chants se délecter. » Quel programme de gentilhomme campagnard avant l'heure !

Se délecter et festoyer tout en regardant couler la douce Loire... Saumur se souviendra de cet âge d'or lorsqu'elle sera à nouveau au cœur des combats, cité protestante déchirée par les terribles guerres de Religion, où le gouverneur Montsoreau, obéissant aux ordres du roi, dirige une Saint-Barthélemy contre les huguenots, à la fin d'août 1572. Pourtant, à ces joutes et parades du XVe siècle, un hommage est encore rendu aujourd'hui lorsque les cadets de l'École de cavalerie de Saumur exécutent leurs éblouissantes exhibitions, jeux de bague, fantasias, passes d'armes ; chaque année, les carrousels équestres du Cadre noir attirent des milliers de spectateurs, qui sans doute ignorent tout du « pas de Saumur » du bon roi René...

À quelques kilomètres de là, presque dans les faubourgs de Saumur, la petite ville de Dampierre, perchée sur les coteaux calcaires, domaines du cabernet et des champignonnières, étire ses vieilles maisons au-dessus de la Loire. Un manoir, un peu délabré avec deux tours carrées, ne se signale guère à l'attention : le château des Morains. Là pourtant, la fille de René d'Anjou, la petite princesse Marguerite, a passé son enfance. Elle est belle, intelligente, mais malheureusement pauvre : plusieurs fiancés se dérobent car le roi ne peut lui constituer une dot suffisante ! La chronique raconte qu'elle a pour compagnon de jeux un jeune garçon de Dampierre, fils du sire de La Vignolle, et sans doute l'aurait-elle choisi pour époux si elle n'avait autant plu au jeune roi d'Angleterre, Henri VI. À quinze ans, la petite Marguerite est envoyée comme épouse — ou comme otage ? — de l'autre côté de la Manche, afin de sceller la réconciliation des deux pays. Mais les choses tournent mal pour cette Marguerite passionnée et indomptable, qui tombe en pleine guerre des Deux-Roses. Après des années de luttes, de captivité, de deuil, elle regagne enfin la France, où Louis XI lui offre sa protection en échange de l'Anjou et de la Touraine. Rapatriée, la précieuse Marguerite s'occupe de sa bonne ville de Saumur et elle meurt en 1482, à cinquante-trois ans, au château des Morains, veillée par son fidèle La Vignolle.

L'Apocalypse à Angers

Que la Loire est belle entre Saumur et les Ponts-de-Cé ! Les îles aux sables blonds flottent en chapelet et coupent le fleuve en plusieurs bras ; villes et villages sont presques tous des petits ports où les mariniers trouvent des anneaux scellés dans la pierre pour y attacher les chalands. Sur la grève, des filets de pêcheurs sèchent au soleil et le vol plané des mouettes rappelle que la mer n'est pas loin. La Loire s'élargit encore pour rejoindre l'Océan, chargée de voiles, comparable à « ces femmes d'un certain âge qui savent aimer d'un amour immense et grossi de tous les affluents de la vie » : ainsi Balzac voit-il le fleuve aux Ponts-de-Cé.

Les Ponts-de-Cé, le « Seium » des Romains bâti sur trois îles reliées par des arches, constituent la banlieue d'Angers. René d'Anjou aime se retirer dans le pavillon qu'il a fait édifier dans le jardin de son domaine, d'où il se plaît à regarder, le jour de l'Ascension après vêpres, la « baillée des filles », sorte de concours de pêche entre jeunes filles de dix-huit ans : celle qui ramasse le plus de poissons en un temps record dans sa barque en fait présent au roi, qui l'embrasse et lui donne une dot. Le soir même, on déguste le poisson arrosé du vin du pays ; le bon roi lui-même se délecte à la pêche, et on l'a surnommé le roi des gardons !

Quel contraste entre ces images riantes et le sombre château d'Angers sur le Maine ! La douceur ne va pas sans la force. Avec ses dix-sept tours, découronnées en 1589, striées de schistes gris, avec ses épais murs

En quelques années, Saint Louis fit élever cette colossale enceinte de 960 m de périmètre, flanquée de 17 tours tournées vers l'ouest, point sensible de la défense, et hautes de 60 m. Arasées à hauteur des courtines, elles conservent un aspect de puissance qui contraste avec la fragilité de la chapelle.

Cette tapisserie du XVe siècle donne une juste vision des « galantes chevauchées » dans les forêts et les campagnes. Comme les plaisirs de la chasse, elles font aussi partie de la vie de château.

aveugles et l'ardoise sombre, avec ses anciens fossés que le Maine remplissait autrefois, le château n'évoque guère la douceur angevine ; sa grandeur sauvage rappelle plutôt Foulques Nerra, qui jeta du haut des remparts sa femme Élisabeth, convaincue d'adultère. À travers les siècles, la forteresse a été un enjeu disputé, entre les Bretons et les Romains, puis entre les Anglais et les Français, entre les huguenots et les ligueurs, et enfin entre les Vendéens et les révolutionnaires : elle porte sur ses vieilles tours démantelées les stigmates de la guerre.

Pourtant, de la splendeur passée, le bijou de la chapelle érigée par Yolande d'Aragon et les somptueuses tapisseries de l'Apocalypse peuvent encore donner une idée. C'est Louis Ier d'Anjou, grand voyageur épris de luxe, qui commande les fameuses tapisseries. Le prince aime éblouir ; il se fait livrer de Bruxelles de coûteuses fourrures, des vêtements brodés d'or et de perles, dont ses comptes révèlent le coût. L'exécution de la tapisserie, achevée vers 1385, a pris des années en raison de ses dimensions : 168 mètres de long, 5 de haut, divisés en 7 pièces de mesures égales ; c'est une synthèse de tout l'art du temps, qui réchauffe les murs du vieux château de ses bleus anciens et de ses rouges passés. Le petit-fils de Louis d'Anjou, le roi René, lègue le chef-d'œuvre à la cathédrale Saint-Maurice, tandis que les lissiers de la Loire travaillent à nouveau à orner les murs de la forteresse dans l'esprit de l'époque : ce sont les tapisseries des Milles Fleurs, aux coloris chauds, dont chaque pétale a exigé des mois et des mois de travail ! Le printemps va plus vite...

En dépit de la sévérité de son château, Angers n'est pas une ville triste : peut-être doit-elle sa gaieté à ces générations d'étudiants qui s'y succèdent depuis le XIIIe siècle. Les ruines mêmes du château apportent plus d'émotion et de poésie que bien des demeures trop restaurées : ces grosses tours rondes, usées par le temps, ressemblent à des galets polis par l'océan, et d'ailleurs, dit joliment Flaubert, « l'histoire est comme la mer, belle parce qu'elle efface... ».

L'ange de l'Apocalypse peut abattre n'importe quelle muraille, fût-elle celle d'Angers ! D'une cuve de raisins déborde un fleuve de sang. Ces admirables tapisseries comptaient 98 scènes, réparties sur 7 grandes pièces, alternativement rouges et bleues.

Le Loir, honneur du Vendômois

Les circuits touristiques boudent parfois injustement le Loir. Pourtant, cette petite rivière, aussi paresseuse et herbeuse que l'Indre, est « l'honneur du Vendômois », nous dit du Bellay; et Racan également rend hommage à sa vallée paisible, « où commence mon repos, où finit mon tourment ». De l'Île-de-France à l'Anjou, le Loir coule parallèlement à la Loire, modeste féal qui suit fidèlement son suzerain et recueille les miettes de sa grandeur.

Le château du Verger en Anjou est depuis 1482 la fière demeure de Pierre de Rohan, maréchal de Gié; avec ses six tours rondes, ses deux lignes de douves, sa galerie des fêtes, son promenoir, son jeu de mail, son chenil et ses étangs, c'est un château digne des Valois ! Les visites royales d'ailleurs s'y succèdent : Charles VIII signe là un traité de paix avec le duc de Bretagne, et Pierre de Rohan est si favorable au rattachement du duché à la France qu'il va barrer la route à Anne de Bretagne lorsqu'elle décide de se retirer à Nantes : zèle imprudent qui lui vaut l'exil. Hélas, de ces splendeurs passées, il ne reste que des bribes, les grosses tours de silex, couronnées de mâchicoulis en tuffeau blanc.

Mieux vaut chercher à Durtal les éclats de cette magnificence. Le coup d'œil qui embrasse la rivière et le château est prodigieux. La demeure appartient à un familier des Valois, François de Scepeaux, maréchal de Vieilleville. Dans ce bijou ciselé des XVe et XVIe siècles, on peut goûter tous les plaisirs que réunit le Val de Loire : chevauchée dans la forêt voisine de Chambiers, chasses, festins délicats; de magnifiques fêtes s'y déroulent, comme au Verger. François Ier s'y rend en 1518; Charles IX y séjourne un mois entier avec la reine Catherine de Médicis; le maréchal leur fait les honneurs de la chasse et, au retour, chacun « boit le vert et le sec », raconte le chroniqueur !

À voir le luxe de la réception avec lequel Catherine de Médicis accueille les ambassadeurs polonais, on imagine sans peine les formidables préparatifs que devait faire le seigneur chez lequel la reine faisait l'honneur de séjourner !

Châteaudun semble vivre à l'écart des rumeurs de l'histoire; le château domine le Loir, cette « source d'argent » auprès de laquelle Ronsard est venu si souvent rêver.